Estratégia
de empresas

Central de Qualidade — FGV Management
ouvidoria@fgv.br

SÉRIE COMÉRCIO EXTERIOR E NEGÓCIOS INTERNACIONAIS

Estratégia
de empresas

Maria Candida Torres
Helton Haddad Silva
Marcelo Almeida Magalhães
Rodrigo Navarro de Andrade

Copyright © 2014 Shirley Maria Candida Torres, Helton Haddad Silva, Marcelo Almeida Magalhães, Rodrigo Navarro de Andrade

Direitos desta edição reservados à
EDITORA FGV
Rua Jornalista Orlando Dantas, 37
22231-010 — Rio de Janeiro, RJ — Brasil
Tels.: 0800-021-7777 — (21) 3799-4427
Fax: (21) 3799-4430
e-mail: editora@fgv.br — pedidoseditora@fgv.br
web site: www.fgv.br/editora

Impresso no Brasil / Printed in Brazil

Todos os direitos reservados. A reprodução não autorizada desta publicação, no todo ou em parte, constitui violação do copyright (Lei nº 9.610/98).

Os conceitos emitidos neste livro são de inteira responsabilidade dos autores.

1ª edição, 2014.

Revisão de originais: Sandra Frank
Editoração eletrônica: FA Studio
Revisão: Fernanda Villa Nova de Mello e Fatima Caroni
Capa: aspecto:design
Ilustração de capa: Fesouza

> Torres, Maria Cândida Sotelino
>   Estratégias de empresas / Maria Cândida Torres...[et al.]. — Rio de Janeiro : Editora FGV, 2013.
>   160 p. — (Comércio exterior e negócios internacionais (FGV Management))
>
>   Em colaboração com: Helton Haddad Silva, Marcelo Almeida Magalhães, Rodrigo Navarro de Andrade.
>   Publicações FGV Management.
>   Inclui bibliografia.
>   ISBN: 978-85-225-1409-0
>
>   1. Planejamento estratégico. 2. Comércio internacional. I. Silva, Helton Haddad Carneiro da. II. Magalhães, Marcelo Almeida. III. Andrade, Rodrigo Navarro de. IV. FGV Management. V. Fundação Getulio Vargas. VI. Título. VII. Série.
>
>   CDD — 658.401

*Aos nossos alunos e aos nossos colegas docentes,
que nos levam a pensar e repensar nossas práticas.*

Sumário

Apresentação 11

Introdução 15

1 | Conceitos fundamentais em estratégia: contribuições de Michael Porter, C. K. Prahalad e Henry Mintzberg 19
    A visão de Michael Porter 20
    A visão de C. K. Prahalad 24
    A visão de Henry Mintzberg 28
    Gestão estratégica no novo milênio 33
    O caso da empresa Forest – parte 1 38

2 | Definição do rumo da organização 43
    Definição do negócio 44
    Missão empresarial 48
    Valores organizacionais 50

Visão estratégica 51
Definição do cliente 54
Uso dos parâmetros estratégicos 58
O caso da empresa Forest – parte 2 60

3 | **Análise dos ambientes externo e interno 65**
Introdução às análises ambientais 65
Análise do ambiente externo 69
Análise do ambiente interno 78
O modelo Swot 87
O caso da empresa Forest – parte 3 92

4 | **Definição do desenho da estratégia e inserção internacional 97**
Avaliando se é hora de se tornar global 97
Estrutura organizacional para atuar no comércio internacional 101
Objetivos da inserção no mercado global 102
Estratégias para a inserção global 104
Opções estratégicas e alianças 106
Padronização ou customização da estratégia 110
Posicionamento estratégico em mercados globais 112
O caso da empresa Forest – parte 4 115

5 | **Operacionalização, implementação e condução da gestão estratégica 117**
O que são objetivos? 118
A formulação dos objetivos 119
A definição das estratégias 125

O desdobramento da estratégia com o balanced scorecard   126

Indicadores   142

O plano de ação   144

O caso da empresa Forest – parte 5   146

Conclusão   149

Referências   151

Apêndice – Sites e links úteis relacionados ao comércio exterior   155

Os autores   159

Apresentação

Este livro compõe as Publicações FGV Management, programa de educação continuada da Fundação Getulio Vargas (FGV). A FGV é uma instituição de direito privado, com mais de meio século de existência, gerando conhecimento por meio da pesquisa, transmitindo informações e formando habilidades por meio da educação, prestando assistência técnica às organizações e contribuindo para um Brasil sustentável e competitivo no cenário internacional.

A estrutura acadêmica da FGV é composta por nove escolas e institutos, a saber: Escola Brasileira de Administração Pública e de Empresas (Ebape), dirigida pelo professor Flavio Carvalho de Vasconcelos; Escola de Administração de Empresas de São Paulo (Eaesp), dirigida pela professora Maria Tereza Leme Fleury; Escola de Pós-Graduação em Economia (EPGE), dirigida pelo professor Rubens Penha Cysne; Centro de Pesquisa e Documentação de História Contemporânea do Brasil (Cpdoc), dirigido pelo professor Celso Castro; Escola de Direito de São Paulo (Direito GV), dirigida pelo professor Oscar Vilhena Vieira; Escola de Direito do Rio de Janeiro (Direito Rio), dirigida pelo professor Joaquim Falcão; Escola de Economia de São Paulo (Eesp), dirigida pelo professor Yoshiaki Nakano; Instituto Brasileiro de Economia (Ibre), dirigido pelo professor Luiz Guilherme Schymura de Oliveira; e Escola de Matemática Aplicada (Emap), dirigida pela professora Maria Izabel Tavares Gramacho. São diversas unidades com a marca FGV, trabalhando com a mesma filosofia: gerar e disseminar o conhecimento pelo país.

Dentro de suas áreas específicas de conhecimento, cada escola é responsável pela criação e elaboração dos cursos oferecidos pelo Instituto de Desenvolvimento Educacional (IDE), criado em 2003, com o objetivo de coordenar e gerenciar uma rede de distribuição única para os produtos e serviços educacionais produzidos pela FGV, por meio de suas escolas. Dirigido pelo professor Rubens Mario Alberto Wachholz, o IDE conta com a Direção de Gestão Acadêmica pela professora Maria Alice da Justa Lemos, com a Direção da Rede Management pelo professor Mário Couto Soares Pinto, com a Direção dos Cursos Corporativos pelo professor Luiz Ernesto Migliora, com a Direção dos Núcleos MGM Brasília e Rio de Janeiro pelo professor Silvio Roberto Badenes de Gouvea, com a Direção do Núcleo MGM São Paulo pelo professor Paulo Mattos de Lemos, com a Direção das Soluções Educacionais pela professora Mary Kimiko Magalhães Guimarães Murashima, e com a Direção dos Serviços Compartilhados pelo professor Gerson Lachtermacher. O IDE engloba o programa FGV Management e sua rede conveniada, distribuída em todo o país e, por meio de seus programas, desenvolve soluções em educação presencial e a distância e em treinamento corporativo customizado, prestando apoio efetivo à rede FGV, de acordo com os padrões de excelência da instituição.

Este livro representa mais um esforço da FGV em socializar seu aprendizado e suas conquistas. Ele é escrito por professores do FGV Management, profissionais de reconhecida competência acadêmica e prática, o que torna possível atender às demandas do mercado, tendo como suporte sólida fundamentação teórica.

A FGV espera, com mais essa iniciativa, oferecer a estudantes, gestores, técnicos e a todos aqueles que têm internalizado o conceito de educação continuada, tão relevante na era do conhecimento na qual se vive, insumos que, agregados às suas práticas, possam contribuir para sua especialização, atualização e aperfeiçoamento.

Rubens Mario Alberto Wachholz
Diretor do Instituto de Desenvolvimento Educacional

Sylvia Constant Vergara
Coordenadora das Publicações FGV Management

Introdução

Este livro tem por objetivo apresentar os conceitos teóricos da estratégia empresarial aplicados à realidade específica do comércio internacional. Está estruturado em cinco capítulos sequenciais e complementares, nos quais a estratégia de empresas é apresentada e ilustrada com exemplos práticos.

Como analogia dos conceitos que serão estudados, ao final de cada capítulo será apresentada uma história empresarial, relatando o estudo de caso de uma empresa fictícia, a Forest, em que o desenrolar da discussão e da definição estratégica, típico de empresas atuantes em comércio internacional, é demonstrado.

No capítulo 1, os conceitos fundamentais em estratégia serão apresentados, iniciando-se pelas ideias clássicas de Michael Porter sobre posicionamento competitivo e escolha de estratégias genéricas de competição. Porter influenciou muito a maneira atual de pensar e analisar a estratégia empresarial e continua oferecendo ferramentas de análise muito utilizadas no meio empresarial. Mas vale frisar que os desafios do mundo contemporâneo exigem atualizações e revisão de paradigmas. Para tal, neste capítulo também analisaremos o conceito de competências essenciais de C. K. Prahalad e a visão crítica de Henry Mintzberg sobre o planejamento estratégico tradicional, indicando alguns caminhos de flexibilidade e criatividade que podem ser muito úteis às empresas no comércio exterior.

Já no capítulo 2, discutiremos as principais diretrizes empresariais que definem o rumo da organização. Conceitos como definição do negócio, missão empresarial, valores e visão serão analisados, destacando seus impactos na cultura empresarial e sua influência na construção estratégica.

É necessário ainda compreender a empresa e seus ambientes externo e interno, como forma de definirmos suas potencialidades e limitações para a prática estratégica. No capítulo 3, faremos essa abordagem e também apresentaremos os principais conceitos de análise ambiental: níveis de estratégia corporativa, competitiva e funcional, modelo das forças competitivas de Porter e o modelo de cadeia de valor, sempre considerando o mercado local e global no qual a empresa atua ou atuará. É na comparação do ambiente interno com o ambiente externo que será possível detectar as oportunidades possíveis de serem exploradas e os riscos estratégicos que merecerão vigilância e gerenciamento, além dos pontos fortes e fracos da empresa, que poderão ser utilizados e que devem ser aprimorados.

No capítulo 4, analisaremos a inserção estratégica da empresa no mercado internacional, apresentando os indicadores e os objetivos que direcionam a empresa para uma atuação global. Aqui vale a separação entre as empresas que atuam eventualmente em comércio exterior e aquelas que realmente têm uma inserção relevante e significativa em mercados estrangeiros. Também são exploradas as possíveis estratégias alternativas mais propícias a cada caso, de modo a permitir que a empresa eleja caminhos válidos e solidamente justificados.

O capítulo 5 será dedicado à discussão da operacionalização, implementação e condução da gestão estratégica, avaliando como a definição de objetivos pode ser realizada e ligada ao posicionamento estratégico pretendido, a importância de se planejar a implantação do que se pretende realizar, algo fundamental se pretendemos obter resultados consistentes. Consideraremos ainda a implementação e a gestão da estratégia, respondendo aos desafios de como colocar em prática as estratégias mais convenientes em comércio internacional. Uma ferramenta muito útil é apresentada, o *balanced scorecard*, que por meio de análises estruturadas e concatenadas alia a visão estratégica a métricas de execução e controle.

Finalizando, apresentamos a conclusão do livro.

Boa leitura! Esperamos, leitor, que o livro seja muito útil na sua prática em comércio internacional.

1 Conceitos fundamentais em estratégia: contribuições de Michael Porter, C.K. Prahalad e Henry Mintzberg

Por certo o tema estratégia é muito amplo e há muitos autores que podem ser utilizados como boas referências para aprofundamento. No entanto, por uma questão de complementação de conceitos, e também buscando um equilíbrio entre teoria e prática, vamos selecionar três grandes expoentes da área para analisarmos neste capítulo: Michael Porter, C. K. Prahalad e Henry Mintzberg.

A análise das contribuições desses três autores, neste capítulo, além de nos apresentar o conceito de gestão estratégica no novo milênio, nos permitirá um equilíbrio na abordagem da estratégia empresarial e do planejamento estratégico dentro do contexto do comércio internacional com um grau maior de formalismo, utilizando ferramentas e modelos específicos para análise dos ambientes interno e externo, trazidos por Porter; com uma visão acerca das habilidades e competências internas que podem fazer a diferença nas empresas, como destaca Prahalad; e uma útil e prática visão que Mintzberg traz ao mostrar como as estratégias muitas vezes são geradas de forma emergente.

A visão de Michael Porter

O primeiro dos autores que vamos abordar é Michael Porter. Nascido em Michigan (Estados Unidos) e professor na Harvard Business School, tornou-se professor aos 26 anos, trabalhou como consultor de estratégia em diversas empresas dos Estados Unidos, é autor de mais de 18 livros na área de estratégia e colaborou com jornais e revistas publicando artigos sobre análise de mercado e planejamento empresarial. Recebeu importantes prêmios e reconhecimentos por seu trabalho.

Segundo Porter (1980), a essência da formulação de estratégias é como se posicionar para lidar com a competição. Para o autor, na luta por maiores fatias de mercado, a competição não se manifesta apenas nos demais participantes; a competição em uma indústria, aqui entendida a palavra como ramo, segmento ou setor de atividade, está baseada nos fundamentos econômicos subjacentes, representados por forças competitivas que vão muito além dos concorrentes estabelecidos naquela indústria em particular. Clientes, fornecedores, entrantes potenciais e produtos substitutos são todos participantes que podem ser mais ou menos proeminentes ou ativos, dependendo da indústria.

Porter prossegue em sua modelagem, que ganhou reconhecimento mundial talvez pela facilidade didática ao organizar suas ideias em um formato simples, apresentando o "modelo das cinco forças". O estado da competição em uma indústria depende, assim, de cinco forças básicas, cuja resultante determina o potencial máximo de lucro que pode ser obtido. Essa resultante pode então variar desde intensa, em indústrias onde nenhuma empresa obtém retornos sobre investimento espetaculares, até suave, em indústrias nas quais há espaço para retornos bastante elevados.

Em outras palavras, quanto mais tênues forem as forças, maior será a oportunidade para desempenho superior, devendo o estrategista descobrir uma posição na indústria em que a empresa possa defender-se dessas forças ou influenciá-las a seu favor.

As forças competitivas mais vigorosas determinam a lucratividade de uma indústria e são, portanto, aquelas de maior importância para a formulação de estratégias, assim como diferentes forças podem assumir essa proeminência, moldando a competição em cada indústria.

Cabem aqui três observações importantes. Primeiramente, a metodologia proposta por Porter exige um cuidado, muitas vezes esquecido, de se determinar precisamente, antes do início de sua aplicação, qual a indústria, segmento ou setor está sendo objeto da análise. Esse detalhe, ou seja, ter foco ao definir o exato objeto da análise, é fundamental, pois, apesar de interagirem, as forças competitivas comportam-se de maneiras distintas ao serem examinadas em partes diferentes de um mesmo setor. A aplicação do modelo a um tema genérico ou sem maior detalhamento, definido pelo estrategista simplesmente como "comércio exterior", pode produzir análises distintas e trazer conclusões divergentes. Por exemplo, quando estamos examinando as barreiras ao ingresso de um novo entrante no Brasil, ao focarmos diferentes setores que tradicionalmente têm relação com operações internacionais, como agricultura, tecnologia da informação, químico ou têxtil, as análises podem ser bem distintas; as forças competitivas, embora estejamos falando de um mesmo setor, se comportam de maneira diferente quando realizamos as análises específicas para cada um de seus subsetores. Ainda, se do ponto de vista geográfico estamos falando do estado do Amazonas ou de São Paulo, também as diferenças regionais são importantes para a aplicação do modelo.

Em segundo lugar, deve ficar claro que o modelo das cinco forças proporciona uma "fotografia" estática do setor, devendo ser exercitado periodicamente para fins de ajustes na atividade de planejamento. Com o tempo, as forças competitivas podem apresentar variações, bem como novos determinantes podem estar presentes na indústria. Essa característica do modelo pode ser particularmente útil para prever mudanças significativas em uma ou mais forças, levando o estrategista a ficar alerta para se preparar de forma adequada. Por exemplo, quando o setor de telefonia foi privatizado no Brasil, mudanças importantes ocorreram: empresas que não atuavam chegaram ao Brasil, os usuários puderam manter seu número ao mudar de operadora e as ligações de voz sobre IP (VoIP) se intensificaram. Nesse momento, as forças relativas à ameaça de novos participantes, ao poder de negociação dos compradores e à ameaça de produtos substitutos se tornaram mais significativas, respectivamente, nessa indústria.

Uma vez avaliadas as forças que afetam a competição na indústria e suas causas subjacentes, é possível identificar as forças e fraquezas da empresa com relação a cada uma delas e à sua resultante. As forças e fraquezas cruciais de um ponto de vista estratégico representam, portanto, a postura da empresa *vis-à-vis* as causas subjacentes de cada força competitiva.

Finalmente, após essa fase de análise, você, leitor, como estrategista, pode então elaborar um plano estratégico, que incluirá:

❑ posicionar a empresa de maneira tal que suas capacidades proporcionem a melhor defesa contra a força competitiva; e/ou

❑ influenciar o equilíbrio das forças mediante iniciativas estratégicas, melhorando assim a posição relativa da empresa; e/ou

❑ antecipar mudanças nos fatores subjacentes às forças e responder a elas, na expectativa de explorar a mudança, escolhendo a estratégia apropriada para o novo equilíbrio competitivo antes que os oponentes possam reconhecê-la.

Assim, poderá ser feita a opção por uma das três seguintes estratégias genéricas, de forma a fazer frente a seus desafios competitivos: liderança em custos, diferenciação ou enfoque. Vejamos:

❏ *liderança em custos* – ao obter o mais baixo custo de produção em determinado ramo ou setor, uma empresa pode reduzir seus preços ou ficar com os lucros maiores para investir em pesquisas a fim de criar novos e melhores produtos. Os produtores com baixo custo também podem preferir usar os lucros para investir em ações de marketing. Um conceito relacionado com a liderança nos custos é o de economias de escala, em que à medida que se produz mais, os custos por unidade diminuem. À medida que as fábricas produzem mais, elas aprendem e tornam-se mais eficientes de várias maneiras, como no aprendizado da mão de obra, no aperfeiçoamento de novos processos e métodos, na padronização de produtos e na substituição de matérias-primas. Essa eficiência é muitas vezes quantificada por meio do conceito de curva de experiência, no qual toda vez que o volume acumulado de produção dobra, o custo de fabricação cai em uma porcentagem constante e previsível, e as implicações estratégicas estão em deslocar-se pela curva antes que os concorrentes o façam;

❏ *diferenciação* – a diferenciação faz com que o produto ou serviço de uma empresa seja percebido de forma diferente na mente do consumidor. Com os produtos, isso significa oferecer melhor desempenho, design, confiabilidade, serviço, entrega, entre outros fatores. Com os serviços, um ponto de diferenciação pode ser uma alta qualidade no atendimento e no pós-venda, conhecimento técnico ou localização;

❏ *foco* – usando uma estratégia de enfoque, uma empresa se concentra em determinada área do mercado, em um segmento do mercado ou em um produto. A força de uma estratégia de enfoque é derivada de um conhecimento aprofundado do cliente e da categoria do produto. Por exemplo, uma pequena empresa atuando em um mercado local (nicho): as empresas maiores podem possuir custos mais baixos e um mercado excelente, mas podem não possuir a adesão dos clientes locais.

A visão de C. K. Prahalad

Outro conceito importante que pode ajudar no processo de formulação de estratégias empresariais é o de competências essenciais, também denominadas *core competences* ou competências-chave, desenvolvido, entre outros autores (como Gary Hamel), por Coimbatore Krishnarao Prahalad, ou C. K. Prahalad, como ficou conhecido. Prahalad, que faleceu em abril de 2010, era indiano, doutor em administração por Harvard, professor titular de estratégia corporativa do programa de MBA da Universidade de Michigan, conselheiro do governo da Índia para empreendedorismo e também autor de importantes livros na área da estratégia. Muitos de seus artigos foram publicados nos mais importantes jornais e revistas do mundo e receberam diversos prêmios.

As competências essenciais podem ser encaradas como "portas para oportunidades futuras" (Prahalad e Hamel, 1990:90), e a liderança em competências essenciais representa, assim, uma potencialidade que é deflagrada quando a empresa prevê novas formas criativas de explorar essas competências, sendo que as mais valiosas são as que abrem as portas para uma ampla variedade de possíveis mercados de produtos e serviços. Do mesmo modo, se uma empresa fracassa no desenvolvimento da liderança de uma competência essencial, pode ser afastada não de um mercado para determinado produto ou serviço, mas de uma ampla gama de oportunidades de mercado.

Uma competência essencial é um conjunto de habilidades, tecnologias, "saber fazer", acumulado ao longo do tempo na empresa, que permite oferecer determinado benefício aos clientes. Como exemplos, podem ser citadas a capacidade de facilitar a interação entre o usuário e o equipamento, desenvolvida pela Apple; a miniaturização de mecanismos complexos pela Sony; a habilidade de fabricar motores com excelente desempenho e baixa manutenção, da Honda; ou o saber prospectar petróleo em águas profundas, da Petrobras.

Como o desenvolvimento de competências requer mais aprendizado cumulativo do que grandes saltos de inventividade, é difícil reduzir o tempo de desenvolvimento de competências. Os ciclos de produtos podem estar ficando cada vez menores, mas a luta pela liderança das competências essenciais provavelmente ainda será medida em anos, não em meses. Portanto, a competição pela liderança em competências normalmente antecede a competição pela liderança em produtos.

Ainda segundo Prahalad e Hamel (1990), a competição pela competência não é uma competição produto *versus* produto, ou mesmo negócio *versus* negócio – é empresa *versus* empresa, e há várias razões para isso.

Primeiro, as competências essenciais não são específicas de produtos, mas sim contribuem para a competitividade de uma gama de produtos ou serviços. Nesse sentido, as competências essenciais transcendem um produto ou serviço específico e, na verdade, podem transcender as unidades de negócios da corporação; basta ver a gama de produtos nos quais a Honda aplica sua competência em motores – carros, motos, barcos, quadriciclos, geradores de energia, cortadores de grama e, mais recentemente, aviões de pequeno porte. A duração das competências essenciais também é maior do que a de qualquer produto ou serviço isolado.

Em segundo lugar, como a competência essencial contribui para a competitividade de uma gama de produtos ou serviços, vencer ou perder a batalha pela liderança de competência pode ter um impacto profundo sobre o potencial de crescimento e diferenciação competitiva de uma empresa, um impacto muito maior do que o sucesso ou fracasso de um produto isolado. Por exemplo, ao perder a posição de liderança de competências nas comunicações sem fio, na transição da tecnologia analógica para a digital, um amplo espectro de negócios sofreria as consequências dessa perda pela Motorola para a Nokia, inclusive *pagers*, rádios para comunicação portáteis e telefones celulares.

Em terceiro lugar, como o investimento, o risco e o tempo necessários para obter a liderança de competências essenciais frequentemente excedem os recursos de uma única unidade de negócios, não será possível desenvolver algumas competências sem o apoio direto da empresa. A gerência sênior não pode deixar ao encargo de unidades de negócios isoladas – cada uma interessada principalmente em proteger sua posição dentro de um produto ou mercado preexistente – a identificação e manutenção do investimento em competências essenciais que garantirão a posição da empresa nos mercados do futuro.

Prahalad e Hamel (1990) defendem também que a integração é a marca de autenticidade das competências essenciais. Assim, uma competência específica de uma organização representa a soma do aprendizado de todos os conjuntos de habilidades tanto em nível pessoal quanto de unidades organizacionais. Por isso, é pouco provável que uma competência essencial se baseie inteiramente em um único indivíduo ou em uma pequena equipe – por exemplo, a habilidade da Apple em facilitar a interação entre seus produtos e o usuário não desapareceu com o falecimento de seu CEO e líder Steve Jobs em outubro de 2011.

Se fosse feito um levantamento de todas as capacidades potencialmente importantes para o sucesso de determinado negócio, o resultado seria uma lista extensa, demasiadamente extensa para ter utilidade gerencial. A gerência sênior não pode prestar a mesma atenção a tudo; deve haver alguma noção das atividades que realmente contribuem para a prosperidade da corporação no longo prazo.

Portanto, o objetivo deve ser concentrar a atenção da gerência nas competências localizadas no centro, e não na periferia, do sucesso competitivo no longo prazo. Sendo assim, Prahalad e Hamel (1990) defendem que, para ser considerada uma competência específica da organização, uma habilidade precisa passar em três testes:

❑ valor percebido pelo cliente, isto é, se aquilo que a competência adiciona ao produto ou serviço é percebido como diferencial por aqueles a quem se destina;
❑ diferenciação entre concorrentes, ou seja, se entre tantos produtos e serviços a existência dessa competência aplicada provoca uma preferência na escolha;
❑ capacidade de expansão, vale dizer, se conseguimos atestar a presença dessa competência em uma ampla gama de produtos ou serviços.

Por outro lado, tão importante quanto saber o que é uma competência essencial é saber o que não é uma competência essencial. Frequentemente, observa-se uma confusão substancial na distinção entre ativos, infraestrutura, vantagens competitivas, fatores críticos de sucesso e competências essenciais.

Uma competência essencial não é um "ativo" no sentido contábil da palavra; as competências essenciais não aparecem no balanço. Uma fábrica, canal de distribuição, marca ou patente não pode ser uma competência essencial; são coisas e não habilidades. Entretanto, uma aptidão para gestão ótima dessa fábrica, de um canal específico, de uma marca ou de determinada propriedade intelectual pode constituir uma competência essencial. Ao contrário dos ativos físicos, as competências não sofrem "desgaste", embora uma competência essencial possa perder seu valor com o tempo. Em geral, quanto mais a competência é usada, mais aprimorada e mais valiosa ela se torna.

Uma competência essencial é, de uma forma mais básica, uma fonte de vantagem competitiva, pois é competitivamente única e contribui para o valor percebido pelo cliente ou para o custo. Entretanto, embora todas as competências essenciais sejam fontes de vantagem competitiva, nem todas as vantagens competitivas são competências essenciais, observa Prahalad.

Uma empresa poderia ter um acordo de licenciamento que permitisse acesso exclusivo a uma determinada tecnologia, ou ser beneficiada com uma licença de importação exclusiva de determinado produto, ou ainda suas fábricas poderiam estar localizadas próximas aos fornecedores de matéria-prima. Todos esses exemplos mostram vantagens competitivas, mas nenhum é uma competência essencial.

Finalmente, uma observação importante diz respeito às mudanças no valor das competências: o que era uma competência essencial há uma década pode se transformar em uma mera capacidade na década seguinte. Ao longo do tempo, o que era uma competência essencial pode transformar-se em uma capacidade básica. Em muitos setores, ter qualidade, velocidade de chegada ao mercado e respostas rápidas no atendimento ao cliente, antes verdadeiros diferenciais, estão se transformando em vantagens rotineiras.

A visão de Henry Mintzberg

O terceiro autor cujos conceitos iremos abordar é o canadense Henry Mintzberg, renomado acadêmico e autor de diversos livros na área de administração. Ele é PhD pela MIT Sloan School of Management e professor na McGill University, em

Quebec (Canadá), onde leciona desde 1968, após ter concluído seu mestrado em gerência no MIT.

Mintzberg (1994) inicia seu raciocínio lembrando que, quando o estudo acadêmico do planejamento estratégico surgiu em meados dos anos 1960, os líderes das grandes empresas o adotaram como a melhor maneira para conceber e implementar estratégias que aumentariam a competitividade de cada unidade de negócio. Em consonância com os preceitos da administração científica proposta por Frederick Taylor, essa melhor maneira envolvia a separação entre pensamento e ação, e a criação de nova função ocupada por especialistas: os planejadores estratégicos. Esperava-se que os sistemas de planejamento produzissem as melhores estratégias, assim como instruções minuciosas para sua execução, de tal forma que os executores, os gerentes dos negócios, não pudessem interpretá-las mal. É sabido que o planejamento não funcionou exatamente assim.

Mintzberg (1994) defende que o planejamento estratégico há muito caiu de seu pedestal, e poucas pessoas compreendem plenamente os motivos: planejamento estratégico não é o mesmo que pensamento estratégico. De fato, aquele muitas vezes prejudica o pensamento estratégico, fazendo com que os gerentes confundam a visão real com a manipulação de números. E essa confusão está no âmago da questão: as estratégias mais bem-sucedidas são decorrentes de visões, não de planos minuciosamente elaborados, rígidos e que devem ser seguidos cegamente.

Planejamento estratégico como vem sendo praticado, sustenta Mintzberg (1994), tem sido na verdade uma programação estratégica, ou seja, a articulação e a elaboração de estratégias ou visões já existentes. Quando as empresas compreendem a diferença entre planejamento e pensamento estratégico, elas podem voltar ao que deveria ser o processo de formulação de estratégias: assimilar o que o gerente aprende de todas as fontes (tanto as percepções de suas próprias experiências pessoais e daquelas de outros em toda a organização quanto os dados de pesquisa de mercado e outros semelhantes) e depois sintetizar esse aprendizado na visão do direcionamento que deveria ser dado ao negócio.

Na visão do autor, as empresas deveriam transformar a tarefa convencional de planejamento, com os membros da equipe de planejamento dando sua contribuição sobre o processo de formulação da estratégia, e não se colocando dentro dele. Eles deveriam propiciar as análises formais ou dados que o pensamento estratégico requer, de forma a ampliar a consideração de questões, e não para descobrir uma única resposta correta. Eles deveriam agir como catalisadores que dão apoio à formulação de estratégias auxiliando e estimulando os gerentes a pensar estrategicamente. E, finalmente, podem ser os programadores de uma estratégia, ajudando a especificar a série de passos concretos necessários para que se cumpra a visão.

Por meio dessa redefinição da tarefa da equipe de planejamento, as empresas passam então a perceber a diferença entre planejamento e pensamento estratégico. O planejamento sempre disse respeito à análise, à decomposição de uma meta ou a um conjunto de intenções em passos, formalizando-os de tal forma que possam ser implementados quase que automaticamente e articulando as consequências ou os resultados antecipados de cada um deles. O pensamento estratégico, em contrapartida, diz respeito à síntese, e deve ocorrer primeiro; envolve intuição e criatividade. O resultado do pensamento estratégico é uma perspectiva integrada da empresa, uma visão da direção a ser seguida, articulada sem grande precisão.

Mintzberg e colaboradores (2006) verificam ainda que o termo estratégia apresenta cinco definições principais:

❏ estratégia é um plano: "[...] modificar a natureza de nossa indústria [...]";

- estratégia é um padrão: "[...] sempre surpreender nosso cliente [...]";
- estratégia é uma posição: "[...] dominar o segmento por meio de tecnologia [...]";
- estratégia é uma perspectiva: "[...] encorajar os clientes a experimentar [...]";
- estratégia é um truque: "[...] sinalizar interesse em expansão [...]".

Em outra dimensão, a figura 1 mostra que a estratégia possui diversos estados:

- estratégia pretendida: definição formal de ação estratégica;
- estratégia deliberada: realização das intenções na forma de colocação em prática de uma ação pretendida;
- estratégia não realizada: ação abortada em meio à deliberação;
- estratégia emergente: ações complementares ou únicas que surgem em meio ao processo de implementação de ações formais;
- estratégia realizada: ações deliberadas ou emergentes devidamente executadas.

Figura 1
ESTADOS DA ESTRATÉGIA

Fonte: Mintzberg e colaboradores (2006:10).

Se observarmos bem, estratégia é uma afirmativa qualitativa e abrangente que aponta um curso de ação. Por exemplo: desenvolver liderança no mercado de energia na América do Sul. Isso nos diz o rumo, a ênfase necessária e nos permite imaginar as ações práticas para realizar tal intento.

As ações práticas são chamadas de táticas e, apesar de abrangentes, podem ser alocadas a uma área e gerenciadas por indicadores diretos. Por exemplo: desenvolver a exploração de gás natural na Bolívia é uma tática que nos permite antever ações ainda mais práticas, tais como construir uma planta ou um gasoduto. Nesse nível, podemos dizer que as táticas são operacionalizadas por meio de projetos ou por programas (conjuntos de projetos). Veja esse desdobramento na figura 2.

Figura 2
DESDOBRAMENTOS DA ESTRATÉGIA

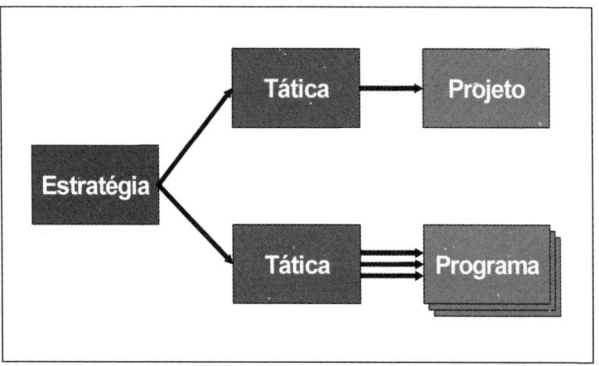

As estratégias, muitas vezes, não podem ser desenvolvidas conforme uma programação e imaculadamente concebidas. Assim, defendem Mintzberg e colaboradores (2006), deve haver liberdade para que elas possam surgir a qualquer tempo e em qualquer lugar na organização, mesmo por meio de processos desordenados de aprendizado informal, desenvolvidos por pessoas de diferentes níveis que estejam profundamente envolvidas com as questões específicas tratadas.

O planejamento formal, dada sua própria natureza analítica, tem sido e sempre será dependente da preservação e do rearranjo de hierarquias estabelecidas – os níveis existentes de estratégia (corporativa, competitiva, funcional), os tipos estabelecidos de produtos e/ou serviços (definidos pelas "unidades estratégicas de negócio"), sobrepostos às unidades atuais de estrutura (divisões, departamentos). Contudo, a mudança estratégica real exige não somente o rearranjo das hierarquias estabelecidas, mas a invenção de outras novas.

A formulação de estratégias precisa ocorrer além desse processo formal, com o intuito de estimular o aprendizado informal que produz novas perspectivas e combinações. O planejamento estratégico não somente jamais conseguiu chegar ao pensamento estratégico, mas frequentemente, de fato, logrou impedi-lo – sentencia Mintzberg (1994).

A Tupy Fundições, a Petrobras, a Aracruz Celulose, entre outras, utilizaram e utilizam fortemente os conceitos de pensamento e planejamento estratégico, demonstrando que esse esforço não garante o futuro mas aumenta a probabilidade de a empresa atingir o sucesso ou resistir melhor às descontinuidades do ambiente. Em última análise, é apenas isso que uma empresa é realmente capaz de fazer em um ambiente imprevisível.

Gestão estratégica no novo milênio

Trabalhos recentes incorporaram à gestão estratégica atributos que a tornam mais adequada às condições do mundo de negócios no século XXI. Nessa fase, a proatividade para desenvolver o futuro desejado é a nova tônica. Para definirmos adequadamente parâmetros estratégicos para uma organização, temos de ter em mente o que significa a atuação da empresa no contexto de descontinuidades e incertezas do novo milênio. As características principais desta nova gestão estratégica são descritas a seguir.

Atuação global

Independentemente da aceitação ou não da globalização, é inevitável que tenhamos a necessidade de incluir em nossas análises esse componente. Quando desenvolvemos cenários que mapeiam no futuro uma pequena organização, precisamos iniciar nossa avaliação a partir de tendências mundiais. Quando discutimos sobre o comportamento de fornecedores, concorrentes e clientes, devemos colocar a análise no âmbito de relações possíveis entre *players* no mundo.

Gestão sistêmica

A organização deve ser vista como uma rede de processos decisórios e de informação, e seus empregados podem desenvolver o conhecimento referente a cada atividade realizada dentro da empresa e no relacionamento com o meio externo de qualquer natureza (clientes, parceiros, fornecedores etc.). A intranet tem um papel de veículo e repositório sobre os processos, sendo atualizada dinamicamente a partir das mudanças ocorridas na empresa. A gestão dos processos organizacionais passa a ter um papel fundamental na gestão do modelo sistêmico. Novas competências são incorporadas à empresa por meio de um trabalho orgânico baseado em equipes, processos e tecnologia da informação.

Por exemplo, a GE Celma é uma empresa especializada em manutenção de turbinas de aeronaves para companhias aéreas do mundo todo e está localizada no município de Petrópolis, no estado do Rio de Janeiro. A empresa implementa uma gestão orgânica de trabalho baseada na metodologia *six sigma*, que a fez atingir níveis de qualidade de classe mundial. Suas equipes são responsáveis pelos processos e pelo seu aperfeiçoamento. O layout de produção facilita o compartilhamento de recursos de informação e humanos entre os processos. Os empregados recebem uma capacitação multifuncional, o que lhes permite participar ativamente tanto de processos operacionais quanto gerenciais. O clima organizacional positivo e os processos orgânicos se refletem em resultados financeiros crescentes.

Foco nas restrições

Ao desenvolver e monitorar o desempenho sistêmico da organização, os gestores identificam as restrições dos processos decisórios e agem para eliminar ou elevar prioritariamente os gargalos identificados.

Gestão do conhecimento

Os empregados e a empresa promovem sistematicamente o registro e disponibilização do conhecimento formal necessário à realização dos processos, além de estimular a formação de redes de relacionamento para a geração de conteúdo por meio de comunidades virtuais de interesses. As atividades de inteligência competitiva e inteligência do negócio, bases da controladoria estratégica, sistematizam o acompanhamento dos ambientes externo e interno.

Convergência organizacional

A organização desenvolve lideranças que participam de processos decisórios com o pressuposto de encontrar soluções de consenso pela ótica do atendimento às necessidades de toda a organização. Com base na gestão sistêmica da empresa, os empregados transcendem às necessidades específicas localizadas e priorizam as ações, baseando-se no desempenho de sua unidade estratégica de negócio (UEN) e da organização como um todo. A identificação das restrições gera os subsídios para a priorização. O CEO (*chief executive officer*) passa a compartilhar a oportunidade de realizar as análises e conceber os direcionamentos estratégicos com foco em convergência e comprometimento de todos.

Ênfase em criatividade

Os empregados são estimulados a seguir as normas ao mesmo tempo que lhes é possível questioná-las, tendo em vista os direcionamentos estratégicos e as necessidades dos clientes. Com isso, é possível desenvolver um questionamento positivo sobre os paradigmas existentes e encontrar abordagens criativas para o desenvolvimento da empresa.

Organização por processos

A empresa ou UEN, vista pela gestão sistêmica como um sistema decisório, assume a visão de processos como a base da organização do trabalho. A visão de macroprocessos orienta a formação de equipes, layout físico de áreas, responsabilidades na estrutura organizacional, controle de custos por atividades, entre muitos outros desdobramentos.

Estabelecimento de alianças

A aliança estratégica é uma relação formal criada com o propósito de empresas buscarem, conjuntamente, atingir objetivos mútuos e complementares. Nessa situação, a gestão e a propriedade podem ser conjuntas. Normalmente observadas em processos de fusões e aquisições, também correspondem a relações duradouras de parceria entre empresas onde atividades-fim são exercidas por parceiros.

Responsabilidade social

As organizações têm realizado ações, promovendo atitudes e criando valores organizacionais que visem equilibrar a busca por resultados econômicos com o bem da sociedade. Para orientar o caminho, as empresas assumem princípios de responsabilidade social. Dos princípios éticos, derivam exigências operacionais de respeito ao meio ambiente, promoção social de comunidades, chegando até a responsabilidades exigidas aos fornecedores. A motivação para isso vem da exigência de seus clientes, da necessidade de diferenciação estratégica, de regulações governamentais, entre outras razões. Porém, a base para esse movimento é a aceitação na necessidade de sobrevivência da empresa no longo prazo, em que todas as questões de responsabilidade social estarão cada vez mais intensas, colocando em risco a governança da organização. Portanto, faz parte de um direcionamento estratégico inerente a todas as empresas do mercado.

Neste capítulo vimos abordagens de três diferentes e renomados autores no campo da estratégia. Suas visões são complementares e podem ser utilizadas em conjunto. Porter tem uma visão eminentemente "de fora para dentro", ou seja, defende que, mapeando o ambiente externo, podemos identificar qual a melhor estratégia para nos posicionarmos. Prahalad tem uma visão "de dentro para fora", ou seja, defende que, para que uma estratégia seja efetiva, devemos primeiramente olhar para aquilo que a empresa faz de melhor em relação a seus concorrentes. Mintzberg, por sua vez, lembra que independentemente da forma como escolhemos encarar a estratégia, não podemos nos esquecer de utilizar criatividade, flexibilidade e até mesmo intuição para não ficarmos "amarrados" em demasia a um plano detalhado que, muitas das vezes, pode e deve ser alterado ao longo do tempo, seja para adequá-lo a mudanças externas ou internas, seja para capturar oportunidades emergentes anteriormente não previstas no planejamento estratégico.

No próximo capítulo, iremos apresentar princípios e diretrizes para a definição do posicionamento futuro da empresa, abordando, entre outros tópicos, a definição do negócio, a visão de futuro e a missão da organização.

Para facilitar o entendimento dos capítulos, utilizaremos um estudo de caso: o da empresa fictícia Forest. O caso será dividido por partes, e a primeira é apresentada a seguir.

O caso da empresa Forest – parte 1

Cristina estava ansiosa com a demora da chegada do elevador. "Eu tenho tanto o que fazer e estou aqui nesta fila para chegar à minha mesa...", pensava. Procurou então, mentalmente, rever as tarefas do dia: "Entrar em contato com sr. Charles em Londres, contatar o gerente do Banco do Brasil para providenciar a cobrança e fechamento de câmbio do primeiro embarque para o novo distribuidor na França, ver as novas normativas divulgadas pelo Siscomex que estão na minha caixa de entrada".

Ao chegar ao escritório, a recepcionista logo a avisa:

— Elizabeth quer falar com você com urgência!

Ela sabe que, quando a chefe diz que é com urgência, é algo importante. Cristina deixa a bolsa na sua sala e pede a João, seu assistente, que entre em contato com o Banco do Brasil para ver se o gerente já chegou e marque um horário para conversarem no final da manhã pelo telefone.

No elevador, indo para o último andar, Cristina se arruma em frente ao espelho da cabine. "O que deve ser tão importante assim...? Será que alguma coisa errada aconteceu? Tenho sido tão cuidadosa..." Elizabeth logo pede para que ela entre. "Esta menina vai longe, mas tenho de testar se ela tem visão...", pensa ela.

Cristina e Elizabeth cumprimentam-se amistosamente. Afinal, Elizabeth a selecionou e está "bancando" as reformulações feitas por ela no funcionamento do setor.

— Indo direto ao ponto, Cristina. A Forest está em um momento bom, estamos sendo muito procurados espontaneamente por distribuidores internacionais. Nosso fornecimento de couro vegetal para empresas de moda brasileiras está operando bem, mas não estamos satisfeitos com este ritmo. Acredito que estamos desperdiçando oportunidades ou correndo riscos.

Cristina acompanha tudo com atenção e interesse. Ela já avaliava a situação da empresa de modo semelhante.

— O desafio agora é avaliar se estamos no caminho certo — continua Elizabeth. — Para isto, vamos desenvolver um trabalho de planejamento estratégico, e gostaria que você fizesse parte da equipe de coordenação. Sei que está muito ocupada, mas vejo nesse esforço uma ótima oportunidade de você aparecer mais para as demais áreas da empresa.

Cristina fica lisonjeada:

— Bem, conte comigo. Mas temo por atrasar os processos na minha área.

— Eu já estava prevendo isso. Vou colocar a Marcia como sua assistente. Ela e João poderão fazer o trabalho operacional e quero você no gerencial. Marcia já trabalhou com comércio exterior, fala bem inglês e sabe comunicar-se com fluência escrita. Não tem sua experiência e formação, mas poderá apoiar-lhe nos contatos e acertos com os parceiros.

Cristina nem acreditava no que estava escutando. Há seis meses na empresa e já recebe um reforço na equipe!

— Obrigada pela confiança. Estudei estratégia na faculdade e será uma ótima oportunidade para me atualizar.

Marcia rapidamente compreende as necessidades de Cristina. Elas e João montam um quadro de acompanhamento de ações e passam a partilhar o conhecimento sobre tudo o que ocorre na área.

Livre para se dedicar ao planejamento estratégico, Cristina se encontra com Felipe, o líder da equipe de trabalho.

— Vamos fazer um trabalho a várias mãos. Seremos facilitadores do processo estratégico da companhia. — Felipe levanta-se da cadeira e começa a escrever no *flipchart*. — O encaminhamento que daremos será o seguinte...

No *flipchart* lia-se:

Pensamento estratégico: preparação e alinhamento.
Planejamento estratégico: análises, diretrizes, objetivos.
Implementação e controle: plano de ação, monitoramento, revisões.

— Na fase de preparação e alinhamento, transmitiremos aos diretores a abordagem do planejamento estratégico deste ano, em uma visão o mais abrangente possível. Faremos uma ampla divulgação desse esforço entre os funcionários. Vamos inclusive consultá-los por meio da intranet, buscando contribuições. Nossa empresa já tem 60 empregados, e está na hora de eles se sentirem parte da construção do nosso futuro. Essa pesquisa será um material de consulta para os grupos de trabalho que formaremos.

— Como análise — prossegue Felipe —, teremos as avaliações do ambiente externo à empresa, nosso mercado e perspectivas, e as variáveis do ambiente interno da organização, avaliando forças, fraquezas, processos, competências. Sei que a competência em comércio exterior deverá ser vista como essencial para o nosso futuro. Foi por isso que pedi à Elizabeth sua participação.

Cristina confirma suas expectativas iniciais. Felipe é realmente um profissional preparado. Nem vai ser necessário contratar consultores externos. Antes de ser *controller*, ele havia trabalhado em uma grande empresa de consultoria.

Felipe continua:

— Terminados os *workshops* de análises, vamos discutir referências estratégicas atualizadas, tais como: definição do negócio, missão empresarial, visão estratégica e valores organizacionais. Você sabe que temos tudo isso e será utilizado desde a preparação. Mas nós poderemos fazer mudanças por ajuste de percepções, criar novas ênfases, dar vida nova a estas afirmativas. Com os parâmetros estratégicos atualizados, discutiremos objetivos e criaremos um mapa estratégico. É muito importante que tenhamos indicadores para avaliar como chegaremos aos nossos objetivos.

— Finalmente — conclui Felipe —, em uma terceira e fundamental etapa, desenvolveremos o plano de ações necessárias para que atinjamos os objetivos. Estas ações serão fruto das análises e das metas concebidas.

Cristina complementa:

— Dizem até que é onde se faz a diferença entre o sucesso e o fracasso: a implementação estratégica.— Graças aos céus ela havia lido sobre isso em uma revista de negócios recentemente.

Felipe se anima:

— É isso mesmo! Acho que faremos uma boa dupla!

Despedem-se e voltam para seus afazeres pensando: "Bom começo!"

2

Definição do rumo da organização

Este capítulo tem o propósito de prover você, leitor, de conceitos sobre parâmetros estratégicos para o direcionamento das organizações. Tal entendimento é fundamental para que os profissionais de comércio exterior possam participar da gestão estratégica de uma organização, abrindo oportunidades para que a atividade possa ser inserida profundamente na atuação da empresa. O planejamento estratégico de uma organização é um esforço consciente e dedutivo de estabelecimento de rumos de sua atuação. Entre seus pontos, temos a necessidade de explicitar formalmente referências estratégicas básicas que servem de orientação para análises ambientais e para a própria definição dos diferentes níveis de estratégia da empresa. Entre estas referências, temos as definições de negócio essencial, visão estratégica, missão empresarial e valores organizacionais.

Diretrizes ou parâmetros estratégicos são, antes de tudo, referências estabelecidas e apoiadas pela direção da empresa a serem utilizadas nos processos decisórios de uma organização. Ou seja, cada empregado deve utilizar os parâmetros estratégicos para sustentar suas propostas e validar suas decisões antes de pô-las em prática. Diversos questionamentos devem ocorrer: Será que esta ação não vai contra um valor da empresa? Como este projeto possibilita que a empresa atinja a visão estratégica? Será que esta oportunidade não nos desviará de nossa missão?

Com isso, obtêm-se marcos que tendem a alinhar as ações empresariais com o máximo de sinergia, evitando desvios desnecessários.

Definição do negócio

Para que possamos desenvolver uma adequada definição do negócio da empresa, temos de entender a influência de paradigmas.

A palavra paradigma vem do grego antigo e significa algo como modelo ou padrão. Aplicada aos conceitos de filosofia, corresponde ao conjunto de ideias e conceitos aceitos pela sociedade como um todo, ou por parte dela, que geram referências de como compreender a realidade e se adequar a ela. No campo científico, paradigma corresponde às "realizações científicas universalmente reconhecidas que, durante algum tempo, fornecem problemas e soluções modelares para uma comunidade de praticantes de uma ciência" (Kuhn, 1975:191). No ramo de estratégia, o conceito de paradigma teve sua melhor tradução (Barker, 1993:31) como "um conjunto de regras e regulamentos" que podem estar escritos ou não, que faz duas coisas:

- ❏ estabelece ou define limites;
- ❏ diz como devemos nos comportar dentro desses limites para sermos bem-sucedidos.

A definição de *core business* está intimamente relacionada ao conceito de paradigma. O sucesso anterior, conceitos compartilhados, experiências profissionais, entre outras referências, levam os executivos de uma empresa a definir a concepção do seu negócio. A questão central, porém, é se somos capazes de perceber os paradigmas e de avaliar se são adequados à dinâmica da realidade no momento da análise. Manter a definição do negócio anteriormente estabelecida deve ser um processo consciente, tendo em vista o reconhecimento de sua adequação à realidade. Qualquer dissonância deve ser avaliada pelos gestores em busca de uma proposição que possibilite atingir os objetivos da organização. Ver, no capítulo 1, "A visão de C. K. Prahalad".

Apesar da aparente simplicidade, definir o negócio da empresa, também chamado de *core business*, ou "negócio essencial", pode ser um processo complexo. Essa dificuldade se deve, principalmente, às consequências que poderão ser geradas nas posturas e ações da empresa. É muito frequente que uma empresa ou unidade de negócio apresente uma situação como as que se seguem:

- cada executivo acredita saber qual é o negócio da empresa, mas isso nunca foi formalizado. Frequentemente observamos, ao levantar os diversos pontos de vista e tentar alinhá-los, que as mínimas diferenças de percepção geram discussões acaloradas e a constatação de falhas no direcionamento de ações da empresa;
- a empresa, no passado, definiu seu negócio, mas, na prática, passado algum tempo, já existem inconsistências entre o discurso e a prática. Os executivos da organização podem estar cientes dos desvios de rumo, mas os toleram, buscando justificativas para tal situação.

Assim, a definição do negócio representa a explicitação da essência da atuação da empresa. É uma forma simples de explicar a opção estratégica de atuação. Veja os exemplos no quadro 1.

Quadro 1
DEFINIÇÕES APARENTES E ESSENCIAIS DO NEGÓCIO

Empresa	Negócio aparente	Core business
Harley-Davidson	Motocicletas	Estilo de vida
Petrobras	Petróleo	Energia
Marcopolo	Fabricação de ônibus	Soluções e serviços para transporte coletivo

Para definir bem o negócio de uma empresa, é necessário considerar três fatores:

❑ necessidades do consumidor ou o que está sendo atendido;
❑ grupos de consumidores ou quem está sendo atendido;
❑ tecnologias usadas e funções executadas ou como as necessidades dos consumidores estão sendo atendidas.

Esses fatores devem ser explicitados na missão da empresa. No entanto, a definição do negócio essencial deve ser simples e direta, refletindo as escolhas estratégicas feitas.

Ao analisar o negócio essencial de uma organização, seus executivos podem adotar as seguintes alternativas:

❑ manter – conscientemente entende-se que a definição do negócio essencial atual é adequada e deve ser mantida;
❑ ampliar – estender a definição do negócio a um foco maior de atuação. Por exemplo: a Amazon.com ampliou sua atuação bem além do foco original de venda de livros pela internet. A estratégia "tudo para todos" inclui artigos para cozinha, instrumentos musicais, brinquedos, DVDs, entre outras linhas. As perdas anuais foram reduzidas, mas há dúvidas sobre a dispersão das atividades de gestão, em linhas nas quais a empresa não tem vantagem competitiva sobre concorrentes, ser mais lucrativa do que manter-se como a melhor livraria na internet;

- focar – reduzir ou limitar o foco de atuação da organização para estabelecer diferenciais e economias de escala. Por exemplo: frente ao crescimento dos concorrentes, a Baush & Lomb, líder do mercado de lentes de contato oftalmológicas, ampliou seu portfólio para produtos em outras áreas de saúde. Escovas de dentes elétricas, pomadas dermatológicas e aparelhos auditivos não compunham um conjunto sinérgico de produtos com as lentes de contato. A baixa rentabilidade só foi encarada quando a empresa voltou sua atenção ao seu negócio original, agora enfrentando poderosos concorrentes bem-estabelecidos;
- migrar – trata-se de deslocar o foco de atuação da empresa na sua cadeia de valor, para trás, para a frente ou para outros negócios, outras cadeias de valor:
    - exemplo de migração para trás: uma empresa pode deixar de ser um *pet shop* e se tornar fornecedora de insumos para *pet shops*;
    - exemplo de migração para a frente: uma empresa pode deixar de atuar com transporte marítimo e dedicar-se apenas à intermediação de transporte para clientes, contratando os serviços de empresas de transporte marítimo;
    - exemplo de migração para outros negócios: a Intel, frente à crescente concorrência qualificada no ramo de memórias para computadores, corajosamente se lançou na embrionária indústria de processadores para computadores de pequeno porte, criando uma posição competitiva invejável nos dias de hoje.

A seguir, no quadro 2, apresentamos o caso de outras empresas que necessitaram rever seu negócio essencial.

Quadro 2
EXEMPLOS DE REDEFINIÇÃO DE *CORE BUSINESS*

Empresa	Core business anterior	Core business reavaliado	Tipo
IBM	Computadores de grande porte	Soluções e serviços em tecnologia	Migrado
Kopenhagen	Chocolates	Presentes	Ampliado
Mont Blanc	Canetas	Prazer de escrever	Ampliado
Leite de Rosas	Higiene e perfumaria com base em florais	Higiene e perfumaria com base em florais	Mantido
Monsanto Company	Produção e venda do suplemento de hormônio bovino e desenvolvimento de sementes e soluções para a agricultura	Desenvolvimento de sementes e soluções para a agricultura	Focado

A definição do negócio ou de sua estratégia de alteração deve ser feita, idealmente, quando a empresa está bem, no auge de sua atuação. A análise estratégica feita de modo adequado consegue apontar proativamente a necessidade de mudança e a forma de realizar a transição. O pior cenário é quando a empresa se vê forçada a mudar por necessidade de sobrevivência no curto prazo. As grandes gravadoras de música e as produtoras de filmes vivem esse dilema ante a rápida evolução das tecnologias de gravação e reprodução de mídia. A mudança do modelo de negócio se faz urgente, colocando em risco a sobrevivência de toda a indústria.

Missão empresarial

A missão é uma afirmativa contundente do que a empresa é ou deveria ser no momento da análise estratégica, especificando o escopo de sua atuação e das principais competências que sempre deverão estar presentes na existência da organização. Os objetivos a serem atingidos com a definição da missão podem ser definidos como:

- uma boa definição de missão captura a razão única e essencial de sua existência e estimula os grupos de interesse envolvidos a perseguir objetivos comuns. Isso também permite a alocação adequada de recursos da organização, porque leva a empresa a afirmar questões difíceis, como: Qual é o nosso negócio? Por que existimos? O que estamos buscando realizar?;
- a missão serve para definir o que a empresa deveria ser hoje e o que ela certamente deverá ser quando chegarmos à realização da visão, ou seja, trata-se do objetivo de negócio sobre o qual faremos a construção da visão. O interessante é que, em grande parte, o valor da missão é definir o que a empresa não é e nunca deverá ser, permitindo a focalização da ação corporativa.

Esses são os passos clássicos para se definir a missão de uma empresa:

- identificar a missão atual;
- checar a consistência da missão atual;
- adequar a missão ao ambiente de negócios identificado e ao posicionamento definido pela empresa.

A redação do texto da missão pode ser feita como um detalhamento do *core business* definido pela empresa, estabelecendo limites e meios para torná-lo real.

A missão da Petrobras definida no planejamento estratégico 2020 foi a seguinte:

> Atuar de forma segura e rentável, com responsabilidade social, nos mercados nacional e internacional, fornecendo produ-

tos e serviços adequados às necessidades de seus clientes e contribuindo para o desenvolvimento do Brasil e dos países onde atua.[1]

Na prática essa afirmativa significa: a empresa é internacionalizada com o foco em rentabilidade, mas de forma sustentável ambiental e socialmente; reconhece sua competência em gerir a produção e distribuição de energia, seja ela qual for. Tal afirmativa a exclui de negócios em setores como tecnologia da informação ou siderurgia. A coerência de sua atuação está na base da obtenção de resultados positivos de sua operação.

Valores organizacionais

Valores organizacionais são crenças, metas superiores e virtudes que a empresa deverá cultivar para tornar a missão estratégica real. Na prática, valores são referências para qualquer tomada de decisão nos processos da empresa.

Afirmativas de valores como "qualidade", "ética", "respeito ao meio ambiente" têm grande importância, pois, para serem colocadas em prática, demandam esforço e investimento da empresa. Estabelecer um valor como "qualidade" significa investir no desenvolvimento de um sistema de qualidade na empresa que promova as práticas e implemente os controles necessários.

Valores também representam um elemento componente da cultura da organização, refletindo o que há de mais nobre e idealista na empresa. Mesmo sendo difíceis de ser aplicados na prática, mantêm-se como desencadeadores de atitudes que promovam continuamente o alinhamento dentro da organização.

---

[1] Extraído de: <www.petrobras.com.br>. Acesso em: 12 jul. 2013.

Se a empresa não é capaz de garantir algum valor apresentado, ela deve retirá-lo da lista de valores ou então apenas enfatizar aquilo que é capaz de assumir com relação ao valor. Como exemplo, substitui-se o valor "ética" por "ética nas negociações com o cliente", uma vez constatada a impossibilidade de ser plenamente coerente com a definição mais ampla de ética.

Visão estratégica

A visão estratégica é uma afirmativa positiva e inspiradora, compartilhada pela comunidade interna à empresa e sustentada pelo seu líder. A origem da visão não mais importa no pensamento estratégico moderno, seja do líder ou dos funcionários, contanto que tenha amplo apoio de toda empresa. Quanto mais compartilhada a geração da visão, maior o comprometimento de todos.

Seus objetivos fundamentais são:

❏ a mobilização de sentimentos e emoções no sentido de atender a necessidades e expectativas;
❏ a definição do que pretendemos atingir e a representação de algo que valha a pena buscar.

A visão deve ser descrita como algo a ser atingido e desafiante. Deve estar coerente com a missão e com os valores, e criar um senso de urgência na comunidade interna, visto o desafio a ser enfrentado.

A tarefa de descrever a visão estratégica é tão difícil quanto a de estabelecer a missão da empresa. A estrutura da frase deve descrever algo a ser atingido no futuro e mostrar que será uma grande oportunidade para todos os envolvidos participarem dessa construção. Além disso, é frequente a reafirmação de aspectos da missão ou dos valores da empresa, associada a diferenciais utilizados para atingir o objetivo. Veja os exemplos a seguir no quadro 3.

Quadro 3
Exemplos de definição de visão estratégica

Empresa	Core business	Visão	Avaliação
Exxon-Mobil, na Noruega	Prospecção, refino e distribuição de derivados do petróleo	O objetivo da Exxon-Mobil é estar entre as líderes do mercado de energia da Noruega. Nós queremos assumir *take on* os desafios da energia do futuro.[1]	A visão reflete a tendência de todas as empresas do setor se tornarem gestoras de energia. Dada a posição da empresa nesse mercado, estar entre os líderes parece ser um grande desafio.
Embraer	Construção de aeronaves	A Embraer se consolidará e se manterá como uma das grandes forças globais do setor aeroespacial, operando com lucratividade e apresentando níveis de excelência em tecnologia, produtos e serviços ao cliente.[2]	Essa declaração se mostra como um desafio enorme, mas, ao mesmo tempo, alcançável se todos os empregados em todos os níveis da empresa acreditarem nisso e trabalharem com afinco. Ou seja, uma boa declaração de visão gera um senso comum de urgência e de oportunidade de construir algo relevante.

[1] Extraído de: <www.studymode.com/essays/Exxonmobil-Direction-Statement-1449066.html>. Acesso em: 12 jul. 2013.
[2] Extraído do Relatório Anual de 2012. Disponível em: <www.embraer.com.br>. Acesso em: 12 jul. 2013.

Na figura 3, podemos observar a definição da visão estratégica com o objetivo de desenvolver a situação pretendida ideal (C) para a organização. Isso, normalmente, está além do que é considerado possível (B). As quebras de paradigmas consequentes desse esforço de "empurrar os limites" da organização possibilitam à empresa fazer o "impossível", gerando grande ímpeto para futuras realizações.

Figura 3
DINÂMICA DE ESTABELECIMENTO DA VISÃO ESTRATÉGICA

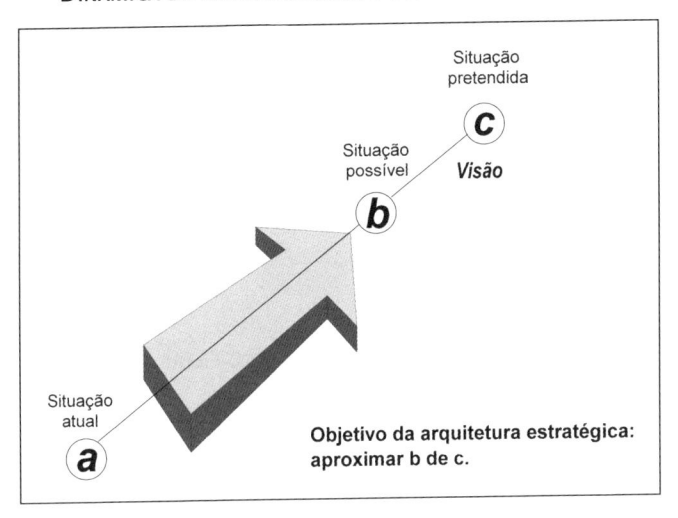

- Situação pretendida — **c**
- Situação possível — **b** — *Visão*
- Situação atual — **a**
- Objetivo da arquitetura estratégica: aproximar b de c.

Barker (1991), futurista de renome e autor do vídeo *A visão do futuro*, nos alerta sobre a necessidade de viabilizar a visão por meio de estratégias:

Visão sem ação não passa de um sonho.
Ação sem visão é só um passatempo.
Visão com ação pode mudar o mundo.

Assim, podemos fazer uma analogia entre os principais parâmetros estratégicos: os valores são as fundações da construção da cultura da organização; a missão é apoiada pelos valores e serve como base para que possamos atingir a visão estratégica, conforme figura 4.

Diversas empresas utilizaram-se mal dos parâmetros estratégicos, definindo-os de forma displicente ou orientados a fazer um marketing institucional junto aos seus clientes. Daí a definição de missão, visão e valores passar a ser motivo de escárnio entre os empregados e até no mercado. Outras empresas evitaram esse risco, deixando intencionalmente de definir os parâmetros e focando nas ações estratégicas. Tais situações devem ser evitadas a todo custo, sobretudo pela real importância das diretrizes: orientar o processo decisório da organização. Da coerência entre o discurso e a prática, a empresa pode também desenvolver uma cultura forte e proativa, adequada ao ambiente de negócios do novo milênio.

Figura 4
ANALOGIA SOBRE A RELAÇÃO ENTRE
PARÂMETROS ESTRATÉGICOS

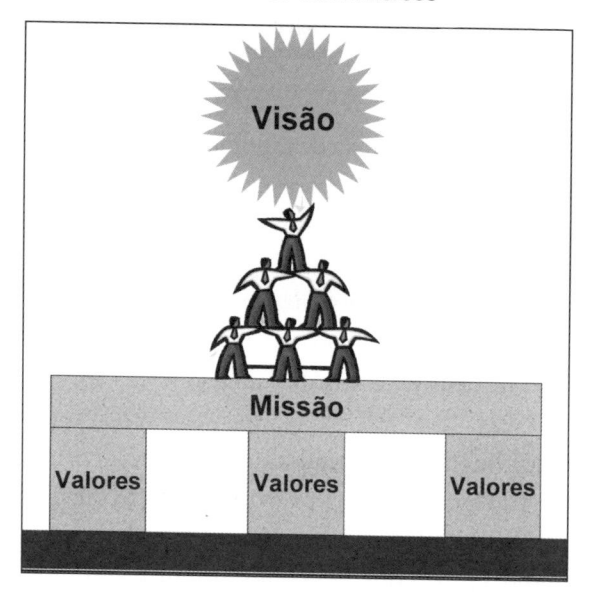

Definição do cliente

A análise estratégica deve estar fundamentada na definição clara de quem são os beneficiários dos resultados gerados pela organização. Deve ser feita em relação ao momento atual e ao cenário estabelecido. As empresas atuantes em mercados competitivos, em especial, devem dominar a arte de prever as necessidades futuras de seus clientes.

A definição do cliente foi ampliada para a definição de grupos de interesse, pois, mesmo estando a principal ênfase no cliente final, a falta de atenção aos demais grupos de interesse pode gerar inconsistências nas ações estratégicas da empresa. Por exemplo: nos últimos anos, várias empresas atualizaram suas diretrizes estratégicas com algo como "e atender às expectativas dos nossos acionistas" ou "valorizando nossos empregados". Isso se deve ao reconhecimento de que a falta de uma ênfase mais ampliada podia tornar as definições empresariais inconsistentes com relação a grupos-chave no desenvolvimento da empresa. O interessante é que, ao reconhecermos os demais grupos de interesse, estamos reforçando ainda mais a orientação ao mercado, pois garantimos a qualidade da gestão que gera os resultados finais da empresa.

A busca pela definição de clientes nos leva ao conceito de grupos de interesse, também conhecidos como *stakeholders*. As entidades, referentes aos diferentes grupos de interesse, devem ser mapeadas e os resultados requeridos por eles devem ser estabelecidos. Com essas informações, podemos gerar os seguintes benefícios à análise estratégica:

❏ *apoio na definição de diretrizes estratégicas* – frequentemente, a referência a *stakeholders* é incluída na descrição de parâmetros como missão corporativa, visão estratégica e valores organizacionais;
❏ *referências para definição de um modelo sistêmico da organização baseado em macroprocessos* – dos resultados esperados pelos grupos de interesse hoje e no futuro, podemos definir atividades organizacionais que atendam direta ou indiretamente a tais resultados. O agrupamento de atividades organiza-

cionais por afinidade nos permite definir os macroprocessos da organização. A definição de um modelo sistêmico mais completo que o modelo de cadeia de valor pode contribuir para a análise e diagnóstico do ambiente interno;

❏ *referências para a definição de indicadores financeiros, operacionais, mercado e de desenvolvimento organizacional* – da definição de grupos de interesse e seus resultados esperados, podemos identificar métricas a serem acompanhadas pelos gestores para garantir o alinhamento estratégico da organização (veja, no capítulo 5, *balanced scorecard*).

A lista de possibilidades de utilização desse conceito não se restringe aos benefícios que acabamos de citar.

Os grupos de interesse genéricos a serem observados são os seguintes:

❏ *clientes finais* – aqueles que compram diretamente nossos produtos e serviços e que determinam, em última análise, nossa demanda. Os clientes finais podem ser pessoas físicas, organizações privadas ou estatais e organizações sem fins lucrativos. Os clientes podem ser identificados no mercado local ou no mercado global (Mintzberg, 2001). O cliente nacional só busca suprir suas necessidades com fornecedores do país. Os clientes globais têm duas variantes: o cliente global nacional, que procura o mundo, mas usa produto ou serviço no país; e o cliente global multinacional, que também procura fornecedores no mundo, mas usa o produto ou serviço comprado em vários países. Uma vez denominados, devemos identificar os resultados que esperam da nossa empresa. Por exemplo, adolescentes de classe social média com gosto por computadores são o foco das *lan houses* que disponibilizam jogos eletrônicos em rede. Nesse caso, os resultados esperados pelos adolescentes são, entre outros, alta capacidade de processamento, conforto, atualização tecnológica, preço acessível;

- *clientes intermediários* – são pessoas jurídicas e até mesmo físicas, como no caso de vendedores autônomos, externas a uma empresa, que funcionam como canal de escoamento de seus produtos e serviços. Por exemplo, as franquias, representantes e distribuidores. A identificação de suas necessidades é fundamental para que possamos manter a ligação. Diversas cadeias de franquias falharam em preparar seus processos para atender às necessidades de seus franqueados, causando danos à sua imagem;
- *clientes acionistas ou proprietários* – a importância do atendimento às expectativas dos acionistas nunca esteve tão em voga como está com o advento da expansão dos princípios da governança corporativa. Nunca podemos esquecer que o "dono" da empresa é um cliente que deve ser privilegiado por qualquer organização, e a identificação de suas demandas precisa ser evidenciada;
- *clientes organizacionais* – a atração e retenção de talentos nas organizações é um dos grandes diferenciais competitivos que uma empresa pode desenvolver. Para tanto, devemos entender as necessidades de operação da empresa (processos), as competências necessárias e, daí, identificar o perfil dos empregados ideais, analisar os recursos disponíveis no mercado e conhecer profundamente os funcionários. O atendimento às expectativas dos mesmos é fundamental para que possamos desenvolver ações que garantam os resultados esperados pelo público interno da organização;
- *fornecedores com grande poder de barganha* – é necessário identificar os fornecedores dos quais uma empresa possui uma dependência operacional ou política, ou seja, aqueles em relação aos quais as atividades de compras e gestão de contratos não permitem atender a todo o relacionamento com estes "clientes";

- *parceiros* – dentro da visão mais moderna de relacionamentos empresariais, surgem empresas que compartilham recursos e interesses com a organização e que exigem que esta esteja preparada para manter a parceira viva. Esse aspecto afeta a organização no que diz respeito a atividades de atendimento, relacionamento corporativo, pagamentos e recebimentos, e gestão de informações. Nessa categoria, fica difícil determinar completamente uma relação tanto com o parceiro como com um cliente ou fornecedor;
- *fornecedores em geral* ou *com baixo poder de barganha* – é um grupamento menos importante que os outros tipos, e o interesse em avaliá-los está relacionado a aspectos mais operacionais, como contratação, supervisão e pagamento. Uma empresa não depende deles, visto que, caso não atendam plenamente às suas expectativas, podem ser substituídos por outras empresas do mercado. Devemos lembrar que esses fornecedores são, também, candidatos a parceiros no futuro. Nessa categoria encontramos fornecedores de insumos básicos, tais como suprimentos, material de construção, além de prestadores de serviços convencionais, como segurança, limpeza, entre outros.

Uso dos parâmetros estratégicos

Deve-se tomar cuidado para que os parâmetros não se tornem dogmas intocáveis da organização. Caso tenhamos acesso a condições de mercado que não eram observadas quando da definição dos parâmetros, devemos, por meio da coordenação estratégica, promover a rediscussão do tema, obter, quando necessário, autorização específica para atuação fora dos parâmetros e deflagrar uma reavaliação do tema na próxima atualização do planejamento estratégico.

Deve-se também evitar a inclusão de aspectos quantitativos na descrição da visão estratégica. Objetivos e metas são instrumentos de gestão estratégica. À medida que o ambiente se tornar favorável, poderemos elevar nossos objetivos e antecipar metas. Se o cenário pessimista se concretizar, poderemos postergar ações e ajustar objetivos.

É interessante que o enunciado da visão estratégica seja uma motivação para que cada empregado sinta-se como construtor do futuro da empresa, fazendo com que o senso de urgência pelo atingimento dos objetivos seja compartilhado por toda a organização.

É comum a empresa não divulgar sua visão estratégica além do âmbito de suas unidades de negócio. Isso é especialmente frequente em mercados competitivos, nos quais a abertura desse direcionamento pode ser aproveitada por concorrentes na definição de ações que venham a prejudicar a implementação do intento da empresa.

A definição estratégica corporativa concede identidade à organização. Quando utilizada com seriedade, a definição do negócio da empresa, de sua missão empresarial, de sua visão estratégica e de seus valores pode gerar a convergência de atuação de todas as partes da organização. Os empregados, cientes desses parâmetros, podem tomar decisões mais embasadas e ganhar mais autonomia. As diretrizes passam a ser a expressão da personalidade da organização, uma operacionalização corporativa da recomendação socrática: "Conhece-te a ti mesmo e conhecerás o universo e os deuses".

Uma empresa pode ser influenciada por paradigmas históricos que, se não questionados, podem levá-la a resultados aquém dos esperados por seus controladores dentro do ambiente de negócios do novo milênio. O planejamento estratégico é uma atividade que proporciona senso de direção e propósito para uma organização, capaz de mudar os paradigmas vigentes. Para isso os estrategistas utilizam-se de definições como o negócio da empresa (*core business*), sua missão empresarial, sua visão, seus valores referenciais para decisões do dia a dia e a que grupos de interesse atende. Esse esforço é visto como proativo para que a organização viabilize a participação no mercado global e consiga compreender-se como um sistema de processos decisórios. O entendimento desses conceitos é fundamental para que profissionais envolvidos com comércio exterior possam contribuir com a gestão da organização da qual fazem parte.

No próximo capítulo iremos abordar as principais ferramentas relacionadas à análise do ambiente competitivo, seja por uma ótica interna à empresa, seja por uma ótica externa. Abordaremos também os elementos essenciais para o estudo do modelo de cadeia de valor.

Para ilustrar o presente capítulo, vejamos o nosso caso, parte 2, a seguir.

O caso da empresa Forest – parte 2

A sala principal de reuniões estava cheia na hora marcada. Gestores confraternizavam-se e trocavam confidências, provavelmente sobre assuntos em andamento na empresa. Empregados-chave convocados ficaram em silêncio, observando tudo com atenção. Afinal, não é todo dia que participam de uma reunião dessas.

Cristina olhava para tudo o que estava preparado: computador, projetor, apresentação... Mas faltava o principal: Felipe. "Onde estará ele?"

Nem bem pensou nisso, Felipe chegou acompanhado da diretora-geral, Elizabeth. "É mesmo", meditou, "sem a patrocinadora não poderíamos começar...".

— Vamos lá, pessoal, obrigado pela presença de todos — discursa Felipe. — Gostaríamos de apresentar o projeto de planejamento estratégico para vocês.

Todos os presentes acomodam-se em suas cadeiras e passam a prestar atenção em Felipe.

— Mas, antes, gostaria que Elizabeth falasse um pouco sobre suas expectativas...

Elizabeth, sempre elegante, se levanta e passa a ser o foco da atenção de todos.

— Gostaria de parabenizar a todos pelo desempenho da Forest até o momento — diz ela —, mas o futuro pode guardar oportunidades e ameaças que devemos tentar antecipar. Vocês estão vendo esta sala cheia, muitos de vocês nunca participaram de um esforço estratégico. Muitos são, inclusive, novos funcionários, que podem contribuir com visões diferenciadas. Eu acredito em planejamento estratégico e, se chegamos aonde chegamos, eu garanto que foi fruto de um planejamento de que participei há cinco anos. Bem-vindos e obrigada pelo seu apoio.

Elizabeth sempre é muito direta e consistente. Felipe sabia que se não fosse demonstrado o apoio da alta direção ao trabalho, o projeto poderia estar condenado ao fracasso.

À medida que os slides eram mostrados, Felipe esmerava-se em explicar a metodologia a ser adotada e a motivação do trabalho. Relatou casos de empresas como Apple e Cirque du Soleil para explicar conceitos de diferenciação e como mantê-la no mercado. Como encaminhamento do trabalho, apresentou as seguintes etapas de projeto: definição de parâmetros estratégicos, análise do ambiente externo, análise do ambiente interno, objetivos e metas, plano de ação.

Ao cabo de 30 minutos, ele havia apresentado todas as etapas previstas e perguntou se alguém teria alguma contribuição.

Otávio, diretor de produção, engenheiro experiente, pede a palavra e diz:

— Eu gosto muito de planejamento e vejo que o projeto está bem-estruturado. Mas não seria o caso de fazermos algo menor, mais simples, mais direcionado neste ano? Afinal, temos batido as metas e nosso produto se mostra competitivo e diferenciado. Quero dizer, que tal partirmos diretamente para a definição de objetivos e plano de ação?

Felipe parecia não esperar um questionamento sobre a estrutura proposta. Ele pensou bem e respondeu habilmente:

— Otávio, você tem *toda a razão*! Realmente o que esta empresa precisa é de algo simples e direto. Mas quero te dar a certeza de que esta preocupação está inserida em cada parte prevista. Seremos muito objetivos. Veja meu próximo slide...

Parecia estar tudo combinado. A próxima imagem continha os seguintes textos:

> *Planejamento estratégico deve ser objetivo e prático!*
> *Planejamento estratégico é um exercício de governança!*
> *Planejamento estratégico deve ser feito quando tudo está bem!*

— Veja, Otávio — continua Felipe —, sua preocupação está expressa. Este trabalho só deve ser feito em um momento como este, como uma forma de alinhamento de todos os níveis da organização com efetividade e eficácia. Obrigado pela sua contribuição.

Cristina observava confusa essa conversa. Ela viu Otávio concordar com a cabeça um tanto relutante e se calar. Felipe concluiu a reunião com um agradecimento e pedido de contribuições de todos. "O que realmente aconteceu aqui? Otávio é contra ou a favor?", pensou Cristina.

Quando todos saem da sala, Cristina expressa sua observação para Felipe. Este diz:

— Eu já esperava uma pergunta como essa. Muitos nesta reunião pensavam da mesma forma e provavelmente vão continuar assim até o final do trabalho. O que você viu foi uma forma de questionamento da validade do próprio processo estratégico. Mas este projeto não é futurologia e adivinhação, vamos nivelar todos os decisores com relação ao que está acontecendo com o mercado e as perspectivas futuras. E vamos criticar proativamente nossa situação atual para propormos objetivos e ações que tornem nossas intenções realidade. Espere e verá que algum tipo de resistência vai continuar acontecendo. Vamos manter a convicção sobre a importância do trabalho e tudo dará certo.

Cristina concordou e disse:

— E eu que pensava que seria mais fácil...

A primeira reunião de trabalho ocorreu três dias depois, em uma sexta-feira. Foram formados grupos de trabalho e, após debates, todos os grupos apresentavam considerações. Cerca de 20 pessoas, entre executivos e funcionários-chave, discutiam a respeito do negócio central (*core business*) da Forest, sobre sua missão e visão para o futuro. A cada tema discutido, os grupos retornavam ao plenário e apresentavam suas contribuições.

Felipe e Cristina registravam tudo em um software de apresentações, expondo os resultados por meio do telão instalado na sala. Ao final de seis horas de trabalho, foram definidos parâmetros estratégicos abaixo transcritos.

❏ *Negócio essencial*: produtos naturais para revestimento.
❏ *Missão*: "Produzir e distribuir tecidos de revestimento com látex, feitos de modo sustentável ambiental e socialmente, para clientes em todo o mundo que busquem diferenciação e qualidade".
❏ *Visão*: "Sermos reconhecidos como fornecedores preferenciais e únicos de tecidos sustentáveis, com tecnologia própria e inovadora, de produtores e varejistas em todo o mundo, de forma rentável, mas sustentável, garantindo o retorno financeiro aos investidores".

Elizabeth e Felipe agradeceram o empenho de todos em gerar a convergência necessária em tão pouco tempo. Otávio, mais uma vez, se fez presente e comentou:

— A lista ficou muito boa, mas não vi ainda novidade em relação ao que vínhamos fazendo. Acredito que nos próximos encontros isso virá a ocorrer...

Felipe respondeu:

— A definição de parâmetros estratégicos tende a ser a consolidação das expectativas existentes. Mas o interessante é perceber que, ao gerarmos foco em nossa atuação, imediatamente excluímos aquilo que poderia ser considerado um bom negócio, mas que nos desviaria do rumo traçado. Isso enfraquece a atuação de empresas que tentam ser boas em muitas coisas e acabam não sendo realmente boas em nada. — E concluiu:

— E existem vários aspectos implícitos nestes parâmetros que avaliaremos quando das análises ambientais: inovação, pesquisa e desenvolvimento, comércio exterior, controladoria, sustentabilidade, entre outras.

Cristina seguiu de carro para casa, pensando: "O trabalho foi coerente, mas não é fácil, pois temos sempre de reafirmar conceitos. Não sei se eu estaria pronta para fazer isso sozinha. Só se deve iniciar um processo estratégico quando se tem grande domínio sobre o tema e sobre como conduzir discussões. Está realmente interessante..."

3

Análise dos ambientes externo e interno

As análises ambientais são etapas fundamentais do planejamento estratégico e devem ser complementares, ou seja, apenas uma delas – interna ou externa – não é suficiente para identificarmos as oportunidades, riscos, fortalezas e fraquezas envolvendo a empresa.

Neste capítulo apresentaremos ferramentas, metodologias e conceitos que podem ser utilizados para as análises ambientais, tais como o modelo das cinco (ou seis) forças competitivas, a cadeia de valor, cenários e a matriz Swot.

Introdução às análises ambientais

Vamos começar fazendo um breve exercício: quando a palavra "estratégia" é pronunciada, pense em 10 nomes de empresas que mais imediatamente vêm à sua mente. Quais são aquelas que têm uma boa estratégia, em sua opinião? E aquelas que têm uma estratégia ruim? Anote seus nomes.

É provável que em sua lista apareçam, na maioria, se não na totalidade, empresas de grande porte, em boa parte multinacionais. Isso é comum, pois o termo "estratégia" carrega historicamente essa conotação elitizada desde os tempos dos generais e mestres da guerra, como Sun Tzu, e é frequentemente associado a tomadores de decisão. Daí porque o pessoal que trabalha em áreas como planejamento estratégico muitas vezes pode apresentar o "nariz em pé" e ser discriminado pelo restante do pessoal da empresa.

Porém, na prática não é privilégio apenas de grandes empresas o uso adequado da estratégia para gerir negócios. Muitas empresas de médio, pequeno ou até de micro porte se valem, ainda que de forma inconsciente (baseadas em tradições seguidas pelos donos, por exemplo), de estratégias que as conduzem a um desempenho de sucesso sustentado.

Do ponto de vista acadêmico, existem três níveis de estratégia, como mostra a figura 5.

Figura 5
OS TRÊS NÍVEIS DE ESTRATÉGIA

[Pirâmide com três níveis: Estratégia corporativa (topo), Estratégia competitiva (meio), Estratégia funcional (base)]

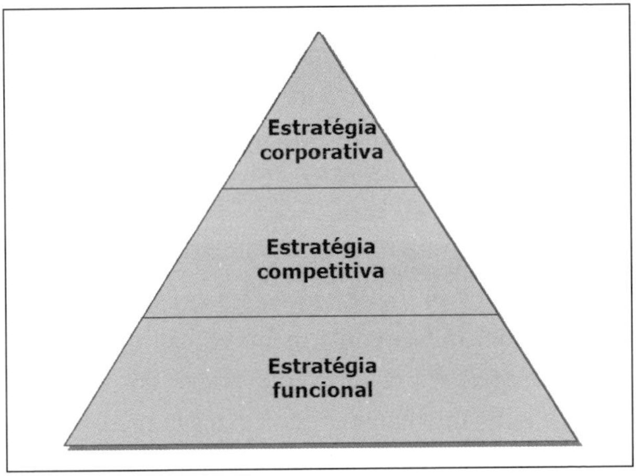

No primeiro nível, temos a estratégia funcional, que define as atividades que adicionam valor para a empresa, ainda que não seja em uma de suas áreas primordiais de atuação. Em outras palavras, são os métodos e ações operacionais que a administração escolhe para a empresa, que apoiam os demais níveis – tratamos aqui, portanto, de "o que" fazer.

Se a lista que você elaborou conforme o exercício proposto no início deste capítulo inclui como empresa tendo uma boa estratégia o McDonald's, por exemplo, temos que uma de suas estratégias funcionais é a de manter as lojas limpas para seus clientes. Para tanto, faz parte de sua estratégia funcional estabelecer uma metodologia eficiente de limpeza do ambiente de suas lanchonetes, o que levou ao desenvolvimento de processos e ferramentas específicos para otimizar os resultados nessa área. Outra estratégia desenvolvida em nível funcional pode ser representada pela área de compras dessa empresa, que é fundamental para que os produtos finais apresentem as mesmas características, onde quer que sejam consumidos.

Outro exemplo é o processo de logística e distribuição de uma empresa como a Coca-Cola. Embora seu negócio seja atuar no segmento de bebidas, ter uma entrega de produtos eficiente é fundamental para atingir os objetivos estabelecidos para o negócio.

No segundo nível temos a estratégia competitiva, que trata do "como", ou seja, uma vez posta em prática em cada uma de suas áreas de negócio, ela define os movimentos que a empresa deve realizar para se posicionar favoravelmente frente a seus concorrentes num dado setor.

Por exemplo, se na lista de empresas que apresentam uma boa estratégia aparece a empresa de aviação Azul, temos que a forma de competir utilizando serviços razoáveis a preços justos configura uma estratégia competitiva de baixo preço. No extremo oposto, a fabricante de bolsas e acessórios Louis Vuitton ou a fabricante de relógios Rolex nos remetem a uma clara estratégia competitiva de diferenciação de produto, na qual o consumidor tem qualidade superior e até *status*, como é percebido por muitos, desde que se esteja disposto a pagar por isso.

A estratégia corporativa ocupa o terceiro nível e trata do "onde", definindo as áreas de negócios da empresa, levando-a a entrar em um setor ou a se retirar de outro, a fim de obter um portfólio equilibrado de negócios. Também pode ser utilizada para delimitar bem, além de áreas de negócios, áreas geográficas de atuação, por exemplo, o país inteiro, somente alguns estados, o Mercosul.

Muitas empresas têm uma estratégia corporativa bem-definida, como pode ser conferido em seus respectivos websites. Constitui um exemplo interessante a empresa de cosméticos O Boticário, que começou na década de 1980 como uma farmácia de manipulação em Curitiba e foi expandindo-se aos poucos, via estabelecimento de franquias, para todo o Brasil e mais de 20 países.

É interessante e importante ver como, nos últimos tempos, a internet impactou a estratégia empresarial. Teria ela influenciado a estratégia em seus três níveis?

No caso da estratégia funcional, a internet veio trazer novos mecanismos para realizar tarefas operacionais complexas de uma forma mais ágil, agregando valor ao negócio. Por exemplo, mencionamos que uma estratégia funcional escolhida por muitas empresas é uma eficiente logística e distribuição. Nessa área, a internet proporcionou a localização online de encomendas de qualquer lugar do mundo (www.fedex.com), o rastreamento a distância de cargas (www.amazon.com), e a automatização de forças de vendas (www.souzacruz.com.br).

Outra área que pode ser mencionada como exemplo é o atendimento pré e pós-venda, no qual a internet trouxe formas mais eficientes de atendimento, a qualquer hora do dia ou da noite, em qualquer lugar com acesso à grande rede.

A estratégia competitiva também recebeu uma grande influência da internet. Novas formas de competir foram surgindo com base na web. As empresas de telefonia, por exemplo, já sentiram o poder competitivo dos sites que permitem a realização de ligações locais e de longa distância, como o Skype (www.skype.com).

A indústria fonográfica também sofreu uma revolução com o advento da livre-troca e/ou comercialização de músicas pela web. Além disso, formas complementares de competir também foram surgindo, como no caso dos atendimentos dos bancos via internet.

Por fim, com o advento de novos nichos em mercados atuais (proporcionado pela redução das barreiras de entrada que a internet gerou), a estratégia corporativa das empresas também foi modificada, surgindo a possibilidade de empresas de qualquer porte acessarem novos mercados, independentemente de onde se localizem. Veja um exemplo em <www.cervejastore.com.br>.

Após analisarmos os três níveis da estratégia, o que nos ajuda a pensar de forma mais estruturada e aprofundada em que nível de estratégia estamos falando, vamos abordar duas ferramentas importantes de análise ambiental, uma focando o ambiente externo da empresa e outra o lado interno – o *modelo das cinco forças* e a *cadeia de valor*, respectivamente –, e também como a internet as influenciou.

Análise do ambiente externo

A geração de concordância no processo estratégico é um fator favorável à implementação das ações consequentes. Por mais que seja difícil gerar tal convergência, todo o esforço necessário deve ser empreendido nesse sentido. A descrição das ameaças e oportunidades é fundamental. Ela é derivada das ferramentas de análise estratégica que tratam do ambiente fora do âmbito da organização em estudo. Nesta seção, vamos utilizar algumas das ferramentas mais conhecidas do mercado, como cenários, análise competitiva de indústrias e do ambiente interno por meio da ferramenta Swot.

Cenários

Oriunda dos esforços da escola formal de planejamento estratégico, esta técnica consiste em descrever ocorrências prováveis no futuro, que ainda não se confirmaram no ambiente externo. O futuro lança suas sombras sobre o presente, e este é o momento para a leitura dessas sombras.

O termo cenário pode ser definido com "o conjunto formado pela descrição coerente de uma situação futura e pelo encaminhamento dos acontecimentos que permitem passar da situação de origem à situação futura" (Marcial, 2002:43). Existem diversas formas alternativas para o desenvolvimento de cenários:

❏ julgamento de especialistas – a versão mais refinada dessa variante é conhecida como "método Delphi" e consiste em desenvolver questionamentos a especialistas, gerando consolidações que são revistas em várias fases pelos participantes, refinando suas observações;
❏ extrapolação de tendências em séries temporais – é a base para extrapolações de valores futuros para o indicador;
❏ correlação de tendências – corresponde às extrapolações de tendências, levando em conta correlações identificadas entre séries de indicadores no passado;
❏ modelagem dinâmica – desenvolvimento de equações que tentam descrever comportamentos de indicadores. Essa técnica é muito utilizada na econometria e pressupõe ajustes frequentes nos coeficientes das equações com base em métodos estatísticos;

❏ análise de impactos cruzados – a partir da definição de previsão de comportamento para indicadores-chave, busca-se analisar o impacto em todos os demais indicadores subjacentes no futuro;
❏ matriz de cruzamento – consiste inicialmente na tabulação, em formulários próprios, de aspectos relevantes na análise, como forças competitivas, ameaças e oportunidades, entre outras. O cruzamento de aspectos é a base para a descrição de condições futuras prováveis do ambiente externo;
❏ desenvolvimento de cenários variantes – busca-se descrever a situação futura do ambiente, começando por tendências mundiais e desdobrando-as em causa e efeito até o ambiente próximo à empresa. Objetiva-se o desenvolvimento de vários cenários, sendo mais frequente desenvolver duas ou três situações alternativas;
❏ análise Pestel – pode ser utilizada como um *checklist* para uma visão geral do macroambiente externo e consiste em analisar os aspectos políticos, econômicos, sociais, tecnológicos, *environmental* (ambientais, em inglês) e legais. Uma vez concluída a análise e relacionados os principais pontos relativos a cada uma dessas áreas, deve-se focar nos principais indicadores de mudança e utilizar *benchmarks* nacionais e internacionais. Por exemplo: se, com relação aos aspectos ambientais, identificarmos que no futuro próximo teremos a implementação de uma nova política nacional de resíduos sólidos, poderemos traçar ações e estratégias que preparem a empresa para atender às novas regras que entrarão em vigor. Para tanto, podemos buscar *benchmarks* internacionais de como outras empresas, em ambientes regulatórios já adaptados a essa realidade, como Estados Unidos e Europa, se desenvolveram.

Para desenvolver cenários precisamos primeiro identificar, para o mercado em análise, quais são as dimensões estratégicas mais importantes a serem analisadas, ou seja, aspectos do ambiente que afetam mais diretamente sua empresa. Como exemplos desses aspectos, temos: sociedade, economia, política, fornecedores, mercado, relação capital/trabalho, entre outros. Quanto mais complexo o mercado em análise, mais dimensões estratégicas deverão ser analisadas. No quadro 4 podemos ver exemplos desses aspectos e suas variáveis.

Quadro 4
ASPECTOS E VARIÁVEIS UTILIZÁVEIS PARA A ANÁLISE DE CENÁRIOS

Aspecto	Variável
Sociedade	Tendências populacionais Mudança de preferência dos clientes
Economia	Taxas de juros Taxas de câmbio Mudanças na renda pessoal real
Fornecedores	Mudanças nos custos de entrada Mudanças em suprimentos Mudanças no número de fornecedores
Mercado	Novos usos dos produtos Novos mercados Obsolescência de produtos
Governo	Novas regulações Novas prioridades
Competição	Novas tecnologias Novos concorrentes Mudanças nos preços praticados Novos produtos

Feita a escolha, devemos identificar variáveis relevantes de cada aspecto selecionado. Por exemplo: o aspecto economia pode ser explicado por variáveis como taxa de crescimento mundial, taxa de juros norte-americana, valor do dólar frente ao euro, entre outras, desenvolvendo relações de causa e efeito até indicadores próximos ao mercado em análise. Ao final, desejamos avaliar variáveis que afetarão o custo operacional, a competitividade de preços, a demanda e a oferta por parte de empresas do nosso mercado, especialmente a nossa empresa. Estabelecido o modelo de desdobramento, busca-se gerar um consenso entre os participantes com relação às projeções consideradas mais prováveis, desenvolvendo assim o cenário central.

A experiência diz que a probabilidade de prevermos com exatidão um cenário provável é muito pequena. Assim, além de ser importante exercitarmos cenários com tendências variadas, como pessimista, otimista e conservador, devemos preparar o que é denominado "planejamento por cenários", ou seja, para cada cenário possível, quais as ações e estratégias que poderemos colocar em prática caso algum deles esteja emergindo. Veja a diferença dessas abordagens na figura 6.

Figura 6
DIFERENÇA ENTRE TRAÇAR MÚLTIPLOS CENÁRIOS E O PLANEJAMENTO POR CENÁRIOS

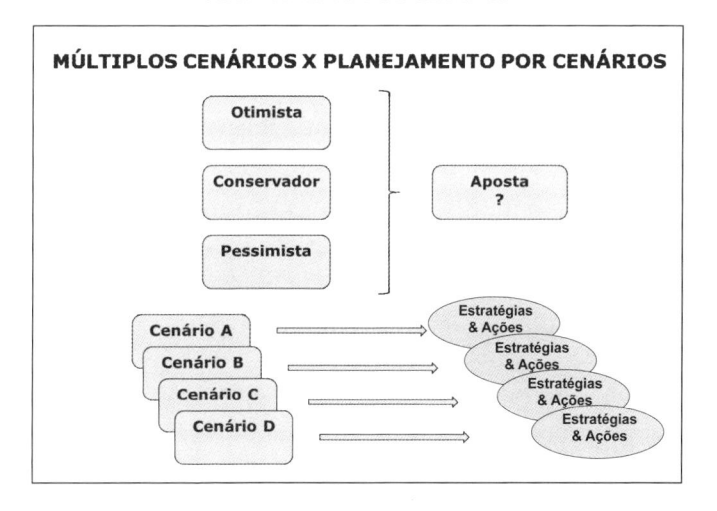

Após a análise, surgem algumas questões relevantes que deverão ser tratadas pelo estrategista, como: quais os próximos passos? Devo apostar tudo no cenário mais provável? Devo apostar naquele mais benéfico à empresa? Devo me resguardar a fim de obter resultados satisfatórios qualquer que seja o cenário? Será preciso preservar a flexibilidade? Devo sair em campo e buscar exercer influência para tornar realidade o cenário mais desejável? Como convencer os tomadores de decisão? Como lidar com os fracassos?

São questões importantes, que devem receber uma dedicação de tempo suficiente para serem devidamente analisadas, e, de qualquer forma, deve haver planos de contingência desenhados pelo estrategista para cada um dos cenários escolhidos como mais prováveis.

Os benefícios de utilizarmos a metodologia de cenários podem ser resumidos em:

❏ exercitar o mapeamento das principais incertezas em relação ao futuro do ambiente externo à organização;
❏ utilizar os cenários como um "túnel de vento" para testar as estratégias atuais;
❏ elaborar opções estratégicas robustas para diferentes futuros;
❏ ensaiar opções estratégicas contingenciais;
❏ estruturar indicadores iniciais buscando antecipar qual futuro está emergindo;
❏ animar a conversação estratégica da organização, engajando a inteligência coletiva, dado que é mais uma ferramenta que pode ser aplicada em times multifuncionais.

Com isso podemos ampliar nossa atenção, sabedores de que o futuro deverá ser mais próximo de uma combinação de fatores dos diferentes cenários traçados.

Análise por meio do modelo das cinco forças de Porter

Ao estudar os diversos setores de negócios, duas importantes perguntas aparecem. A primeira: qual o motivo de alguns setores permitirem uma retirada de lucro maior do que outros? E a segunda: por que, dentro de um mesmo setor, uma empresa consegue obter um lucro maior do que outra que concorre com ela nesse mesmo setor?

As respostas estariam, segundo Porter, como vimos no capítulo 1, em um modelo desenvolvido na década de 1980, conhecido como modelo das cinco forças.

Segundo essa modelagem, todo e qualquer setor de negócio está sujeito a cinco forças competitivas:

❑ ameaça de entrada de novos participantes;
❑ ameaça de produtos substitutos;
❑ poder de negociação de fornecedores;
❑ poder de negociação de compradores;
❑ rivalidade entre atuais concorrentes.

Esse modelo encontra-se representado na figura 7.

Figura 7
AS FORÇAS COMPETITIVAS QUE INFLUENCIAM AS INDÚSTRIAS

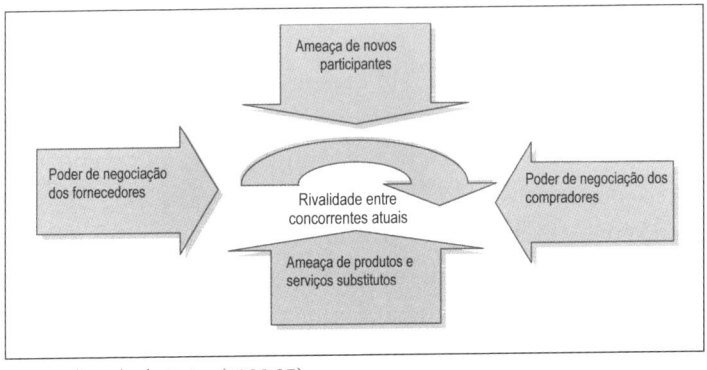

Fonte: adaptado de Porter (1980:23).

Quanto mais intensas forem essas forças competitivas em determinado setor, mais difícil será para as empresas a ele pertencentes retirarem lucro dessa indústria. Isso responde, assim, à primeira pergunta anteriormente formulada.

A segunda pergunta encontra resposta na constatação de que uma empresa que tenha sucesso em lidar melhor com as forças competitivas presentes em seu setor conseguirá obter maior lucro do que outra empresa que não consiga realizar tal façanha.

Cabe ao estrategista olhar sob a superfície e analisar os elementos ou fatores que estão presentes em cada uma das forças, chamados de determinantes, que podem fazer com que cada força apresente maior ou menor intensidade. Vejamos alguns exemplos desses determinantes.

A ameaça de novos entrantes tende a ser menor em setores onde há presença de economias de escala, existência de identidade de marca, grande necessidade de capital e difícil acesso a canais de distribuição. Todos esses elementos constituem barreiras à entrada, que quando presentes dificultam o estabelecimento de um novo *player* ou mesmo reduzem seu interesse por aquele determinado segmento.

No caso da rivalidade entre concorrentes existentes, são exemplos de determinantes a taxa de crescimento do mercado em foco e a presença de custos de saída. No primeiro caso, quanto maior a taxa de crescimento, menor é a tendência a uma rivalidade alta, pois em um mercado em expansão há espaço para todos. Quando há empecilhos para que um concorrente atual largue o negócio, tais como pagamentos de indenizações por demissões, negociações árduas para fechamento de fábricas etc., ou seja, quando custos de saída estão presentes, a tendência é que aqueles que continuam a competir, mesmo a contragosto, possam abrir mão de margens e iniciar uma disputa por preços mais baixos, o que quase sempre significa uma possível maior rivalidade.

Uma força competitiva "traiçoeira", e às vezes menosprezada até que seja tarde demais, é a ameaça de produtos ou serviços substitutos. Nesse caso, os produtos multifuncionais, como impressoras digitais substituindo copiadoras, e *smartphones* substituindo máquinas fotográficas, tocadores de música, GPS e *pagers* de uma só vez, podem constituir um exemplo. Mudanças tecnológicas ou de processo também podem fazer com que essa força se intensifique – veja o impacto que a tecnologia de voz sobre internet *protocol*, ou VoIP, tem provocado no setor de telecomunicações.

No caso do poder de barganha do comprador, volume e periodicidade de compra, bem como o nível de informação que se detém acerca do produto ou serviço oferecido pela indústria em análise, podem ser exemplos de determinantes, que aumentam ou diminuem a intensidade dessa força.

Já no caso dos fornecedores, a posse da tecnologia, a existência de contratos de exclusividade e uma alta importância dos insumos ofertados são todos determinantes que elevam o poder de barganha.

Algumas análises acrescentam uma sexta força, representada pelo governo, ou governos – se levarmos em conta as esferas federal, estadual e municipal – pode alterar a intensidade de qualquer das demais forças, tendo como determinantes principais o grau de controle e regulamentação do setor em questão e a necessidade ou não de concessões governamentais para operar.

Uma vez que o conhecimento dessas fontes subjacentes de pressão competitiva proporciona os fundamentos para uma agenda estratégica de ação, podendo apontar as forças e fraquezas críticas da empresa, devemos clarificar as áreas nas quais as mudanças estratégicas podem gerar a maior recompensa e apontar os lugares em que as tendências da indústria prometem conter a maior significância, seja como oportunidades ou como ameaças.

Como alertado anteriormente, esse modelo exige o cuidado de ter foco no início de sua aplicação, para precisar qual a indústria, segmento ou setor está sendo objeto da análise. Esse detalhe é fundamental, pois, apesar de interagirem, as forças competitivas comportam-se de maneiras distintas ao serem examinadas em partes diferentes de um mesmo setor. Também importante é ficar claro que esse modelo proporciona uma análise estática do setor, devendo ser exercitado periodicamente para fins de ajustes na atividade de planejamento, pois com o tempo as forças competitivas podem apresentar variações.

Após a análise das cinco (ou seis, dependendo do caso) forças, devemo-nos concentrar naquelas cuja intensidade é maior, ou seja, aquela ou aquelas com que a empresa deve se preocupar mais hoje e no futuro.

Dessa forma, pode ter início então o desenho de um plano de ação estratégico visando à defesa contra aquelas forças mais intensas que podem ameaçar a empresa, como o recente caso de novos entrantes chineses e coreanos no setor automotivo brasileiro; e/ou buscando melhor relação com as forças de maior intensidade do que os concorrentes, por exemplo, criando medidas de fidelização à marca para minimizar o poder de compradores; e/ou antecipando possíveis mudanças e se preparando adequadamente, por exemplo, lançar um produto substituto antes que ele seja oferecido por outro concorrente.

Análise do ambiente interno

Como ressaltado no início deste capítulo, tão importante quanto a análise do ambiente externo é examinar o lado interno da empresa. Para tanto, examinaremos outra ferramenta desenvolvida por Porter.

A cadeia de valor

A cadeia de valor é ilustrada na figura 8.

Figura 8
A CADEIA DE VALOR

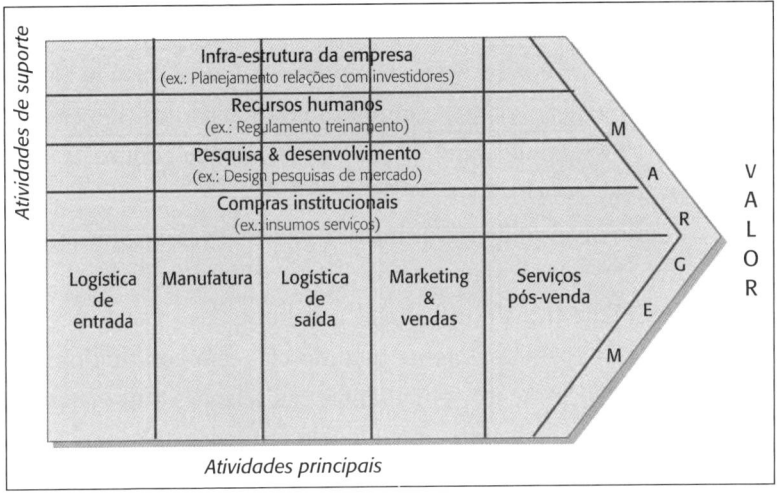

Atividades de suporte	Infra-estrutura da empresa (ex.: Planejamento relações com investidores)				
	Recursos humanos (ex.: Regulamento treinamento)				
	Pesquisa & desenvolvimento (ex.: Design pesquisas de mercado)				
	Compras institucionais (ex.: insumos serviços)				
	Logística de entrada	Manufatura	Logística de saída	Marketing & vendas	Serviços pós-venda

Atividades principais → VALOR (MARGEM)

Fonte: Porter (1985:35).

Nessa ferramenta, a empresa é dividida em nove áreas ou elos, sendo cinco atividades principais mais isoladas – logística de entrada, manufatura, logística de saída, marketing e vendas, serviços pós-venda – e quatro atividades de suporte – infraestrutura, RH, P&D e compras –, transversais à empresa.

As atividades principais estão diretamente ligadas ao fluxo dos produtos e/ou serviços até o cliente, enquanto as atividades de suporte existem para apoiar as atividades principais.

A ideia por trás dessa ferramenta é que a soma do valor agregado que cada uma dessas nove áreas gera com a margem estabelecida resulta, então, no valor do produto ou serviço percebido pelo cliente.

Assim, a cadeia de valor permite examinar em detalhes, de forma separada e sistemática, todas as atividades desempenhadas pela empresa e como elas interagem entre si, buscando oportunidades de aprimoramento para que o valor agregado percebido seja aumentado, o que inclui a possibilidade de terceirizar uma ou mais áreas.

Há uma série de empresas que identificaram que poderiam acrescentar mais valor se, por exemplo, se concentrassem na área de design e deixassem a manufatura para terceiros. É o caso da Apple (www.apple.com), Arezzo (www.arezzo.com.br) e Nike (www.nike.com).

É possível ainda estruturar as cadeias de valor de fornecedores e clientes de forma semelhante, buscando criar sinergias. Isso pode ser feito transferindo habilidades entre as áreas de negócio da empresa, principalmente quando elas têm compradores ou canais de suprimento semelhantes. As relações automatizadas de compra e venda entre gigantes do setor de supermercados e seus fornecedores são exemplos desse tipo de interligação.

Um ponto importante ao aplicarmos essa ferramenta é, como nos lembra Mintzberg, mantermos a flexibilidade. No caso, as áreas predefinidas, principais e de apoio podem ser alteradas ou adaptadas, de forma a se adequarem à realidade de determinada empresa. Por exemplo, em uma empresa fabricante de software não teremos uma área de manufatura propriamente dita, mas podemos substituí-la, quando buscarmos fontes de vantagem competitiva, por um centro de processamento de dados (CPD), o mesmo ocorrendo no caso de um escritório de advocacia, que tem no seu departamento de elaboração de pareceres uma área correspondente.

Após termos abordado essas duas ferramentas – modelo das forças competitivas, que foca o ambiente externo, e cadeia de valor, que foca o ambiente interno –, podemos estudar o impacto que a internet trouxe à estratégia, por meio da análise de sua influência nessas mesmas duas ferramentas.

Se observarmos o histórico da internet, veremos que logo em seu surgimento supôs-se que a web mudaria radicalmente e de uma só vez toda a forma como se faziam os negócios, tornando obsoletos os conceitos sobre empresas e concorrência. O foco das empresas passou a ser a maximização do aumento das receitas mediante redução de preços e consequente aumento das quantidades vendidas, ampliação da linha de produtos, grandes promoções, incentivos a canais de venda e publicidade intensa.

As metas eram criar escala, obter as vantagens do pioneirismo, apropriar o mercado inteiro, de preferência, um grande mercado, e acumular bases de clientes que pudessem ser vendidas a outros, em vez de estabelecer a sua exclusividade e efetuar as priorizações necessárias para atender a uma parte do mercado bem-escolhida.

O resultado foi um enfraquecimento nos setores de atividade das empresas, comprometendo suas estratégias e corroendo suas vantagens competitivas. Sem um posicionamento estratégico claro, o resultado foi uma convergência competitiva. O fator preço foi definido como o principal valor para o cliente, em vez da especialização, da conveniência, do atendimento ou de outras formas de diferenciação que justificam um preço maior.

Como as vantagens de preço não eram sustentáveis, foi gerada uma forma destrutiva de competição difícil de reverter, cujos reflexos são sentidos até hoje, como o forte sentimento – alimentado pelas próprias empresas – de que a alternativa de compra pela internet deve ser "mais barata" ou oferecer alguma vantagem, como um maior parcelamento, por exemplo.

Assim, a "bolha da internet" começou a estourar: a rentabilidade da maioria das atividades na internet foi decepcionante, e muitas empresas foram reduzidas ou encerradas. Após o "estouro da bolha" em 2001, no entanto, gradualmente as empresas foram adaptando suas estratégias funcionais, competitivas e corporativas, muitas conseguindo recuperar perdas e se firmar no mercado.

Algumas lições podem ser tiradas desse processo. A primeira delas é que a internet não é um setor da economia, mas uma tecnologia habilitadora extremamente importante. A segunda reside no fato de que a verdadeira questão não é se a internet deve ser utilizada, mas sim como utilizá-la. Em terceiro lugar, não existem "empresas da internet", e sim empresas que usam a tecnologia da internet para competir em negócios específicos. Finalmente, deve-se entender que as empresas ".com" não são fundamentalmente diferentes, e podem ser analisadas por meio de conceitos de modelagem estratégica como os anteriormente vistos modelos de forças competitivas e cadeia de valor.

Já quando examinamos o potencial de lucro da tecnologia da internet, temos que isso depende de como ela afeta a atratividade da estrutura do setor, e como ela afeta a capacidade de uma empresa obter uma vantagem competitiva, de preferência sustentável ao longo do tempo.

Esses aspectos fundamentais da capacidade de influência da internet variam enormemente de setor para setor, com maior impacto potencial se o produto principal for informação e puder ser entregue eletronicamente – como softwares, projetos de arquitetura ou engenharia, laudos técnicos, pareceres jurídicos, músicas, vídeos, notícias e livros – do que se for um bem físico.

Dessa forma, podemos chegar a uma conclusão que, em princípio, não é nada óbvia. A figura 9 ilustra como a internet influencia alguns dos determinantes das forças competitivas, alterando a intensidade e a natureza das mesmas.

Figura 9
A INFLUÊNCIA DA INTERNET NAS FORÇAS COMPETITIVAS

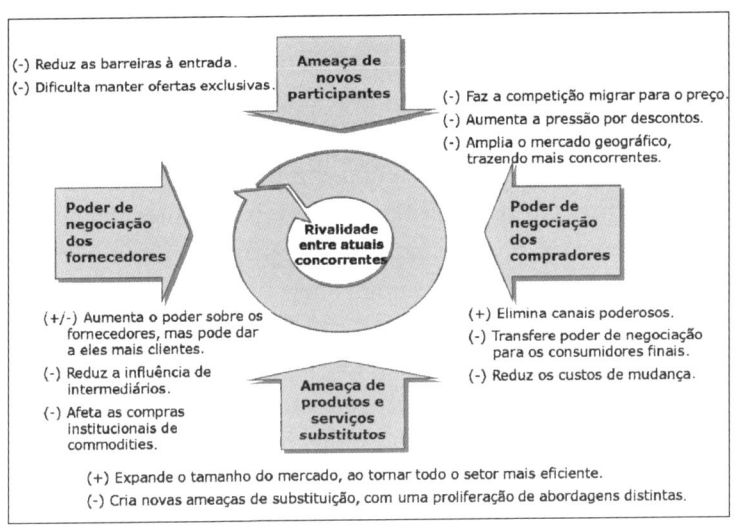

```
(-) Reduz as barreiras à entrada.          Ameaça de
(-) Dificulta manter ofertas exclusivas.    novos
                                         participantes    (-) Faz a competição migrar para o preço.
                                                          (-) Aumenta a pressão por descontos.
                                                          (-) Amplia o mercado geográfico,
                                                              trazendo mais concorrentes.

    Poder de                                                  Poder de
    negociação              Rivalidade                        negociação
    dos                     entre atuais                      dos
    fornecedores            concorrentes                      compradores

(+/-) Aumenta o poder sobre os                            (+) Elimina canais poderosos.
      fornecedores, mas pode dar                          (-) Transfere poder de negociação
      a eles mais clientes.                                   para os consumidores finais.
(-) Reduz a influência de                 Ameaça de       (-) Reduz os custos de mudança.
    intermediários.                       produtos e
(-) Afeta as compras                      serviços
    institucionais de                     substitutos
    commodities.

(+) Expande o tamanho do mercado, ao tornar todo o setor mais eficiente.
(-) Cria novas ameaças de substituição, com uma proliferação de abordagens distintas.
```

Fonte: Adaptado de Porter (2001:67).

Na figura 9, o sinal (+) significa que o impacto da internet é positivo do ponto de vista da empresa, ou seja, torna a força competitiva menos intensa, contribuindo para uma retirada de lucro maior da indústria. Já o sinal (–) representa o inverso, ou seja, indica que a internet contribui para intensificar a força competitiva e dificultar a retirada de lucro do setor.

Como pode ser observado, a figura indica existir um número maior de sinais (–) do que (+), o que resulta na conclusão de que o advento da internet trouxe mais dificuldades para as empresas retirarem lucro das indústrias, o que, conforme anteriormente mencionado, não é uma conclusão das mais óbvias – a internet, quem diria, veio para dificultar a vida das empresas nesse aspecto!

Por exemplo, ao reduzir as barreiras de entrada para novos concorrentes – pois ficou muito mais fácil abrir uma empresa e começar a concorrer, divulgando produtos e serviços pelo mundo – e facilitar a inteligência competitiva para que ofertas similares sejam rapidamente oferecidas por novos entrantes, a internet tornou a ameaça de novos participantes, vindos de todas as partes do globo, mais frequente e intensa.

Outra ilustração das mudanças trazidas pela internet nas forças competitivas ocorre no poder de negociação dos compradores. Embora a internet tenha eliminado canais poderosos, retirando pressão das empresas, os consumidores, cada vez mais informados, muitas vezes pela própria internet, e por isso mesmo mais exigentes, passaram a negociar melhor, apertando as margens das indústrias.

Da mesma forma, a rivalidade entre os concorrentes também aumentou com a influência da internet, pois a competição migrou, como vimos, para o fator preço, aumentando a pressão por descontos e reduzindo a margem de lucro. Além disso, a diferenciação é mais difícil (copiar um website é mais fácil do que copiar uma instalação física).

O mesmo ocorre com a influência governamental, com a web facilitando o cruzamento de informações e aumentando o controle e fiscalização sobre as empresas; com a ameaça de novos produtos e serviços, com a internet trazendo uma gama variada de abordagens novas para servirem de alternativas àquelas existentes; e com o poder de negociação de fornecedores, em que a influência de intermediários é reduzida.

Assim como as forças competitivas, também a cadeia de valor sofreu forte influência da internet, como mostra a figura 10.

Como podemos observar, todas as áreas componentes da cadeia foram alteradas com a internet. Além das já mencionadas influências experimentadas pelas áreas de marketing, vendas e suporte, as atividades de recrutamento e seleção, treinamento de funcionários e comunicação interna/externa, pertencentes a recursos humanos, também foram transformadas com o cadastro de CVs online, cursos online (*e-learning*), e sites corporativos desenhados sob medida (incluindo a intranet), respectivamente.

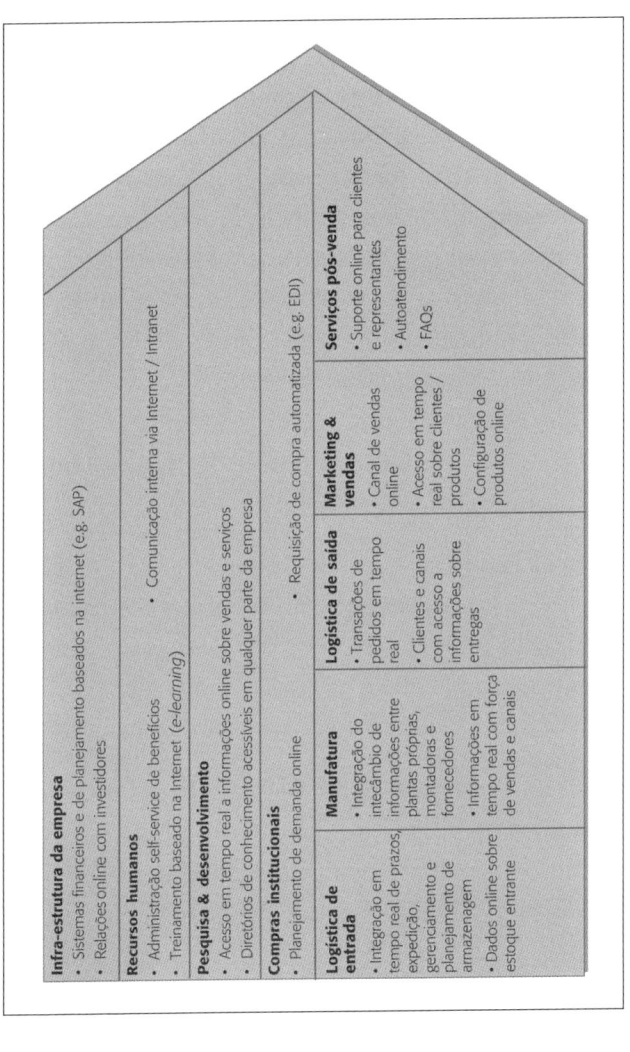

Figura 10
A INTERNET INFLUENCIA A CADEIA DE VALOR

Infra-estrutura da empresa
- Sistemas financeiros e de planejamento baseados na internet (e.g. SAP)
- Relações online com investidores
- Comunicação interna via Internet / Intranet

Recursos humanos
- Administração self-service de benefícios
- Treinamento baseado na Internet (e-learning)

Pesquisa & desenvolvimento
- Acesso em tempo real a informações online sobre vendas e serviços
- Diretórios de conhecimento acessíveis em qualquer parte da empresa

Compras institucionais
- Planejamento de demanda online
- Requisição de compra automatizada (e.g. EDI)

Logística de entrada	Manufatura	Logística de saída	Marketing & vendas	Serviços pós-venda
• Integração em tempo real de prazos, expedição, gerenciamento e planejamento de armazenagem • Dados online sobre estoque entrante	• Integração do intercâmbio de informações entre plantas próprias, montadoras e fornecedores • Informações em tempo real com força de vendas e canais	• Transações de pedidos em tempo real • Clientes e canais com acesso a informações sobre entregas	• Canal de vendas online • Acesso em tempo real sobre clientes / produtos • Configuração de produtos online	• Suporte online para clientes e representantes • Autoatendimento • FAQs

Fonte: Adaptado de Porter (2001:75).

A internet também influenciou a área de compras, com o acesso facilitado a fornecedores globais, pesquisas de preço na web e concorrências online. O mesmo ocorreu com a área de pesquisa e desenvolvimento, que passou a contar com informações em tempo real sobre problemas que acontecem com produtos em qualquer parte do mundo, assim como as soluções internacionalmente encontradas, devidamente compartilhadas pela web em bases de dados comuns.

A mesma influência também acontece na infraestrutura da empresa, com os sistemas financeiros e de planejamento baseados na internet; nas operações de manufatura, com o intercâmbio online de informações entre plantas fabris próprias e de terceiros; e nas áreas de logística de entrada e saída, com integração em tempo real.

A internet, portanto, exerceu profundas mudanças no mundo corporativo, como vimos:

- afetou a estratégia em seus três níveis;
- alterou as forças competitivas presentes nas indústrias;
- modificou a cadeia de valor das empresas, fornecedores e clientes, assim como a interação entre eles;
- transformou produtos e serviços, em forma e conteúdo.

Porém, a internet, por si só, raramente será uma fonte de vantagem competitiva no longo prazo, sendo seus benefícios para a eficiência operacional, em geral, transitórios.

Fontes tradicionais de vantagem competitiva continuarão surgindo à medida que a penetração da internet nas empresas aumenta, os compradores ficam mais sofisticados e o comércio eletrônico evolui. Constituem exemplos: conteúdo próprio; produtos exclusivos; atividades exclusivas ou partes de atividades distintas da internet, como sistemas logísticos; conhecimento de produtos e relacionamentos pessoais (*networking*).

A internet pode, sim, contribuir para a geração de vantagens competitivas, se as aplicações da web forem moldadas à estratégia particular da empresa, de forma a abrir novos posicionamentos estratégicos, complementando as maneiras existentes de competir.

As estratégias que integram web e meios tradicionais de competir deverão prevalecer em muitos setores, criando novas maneiras de combinar atividades virtuais e físicas, e gerando novas dimensões de valor (cadeias híbridas).

Assim, estratégias integradas, nas quais as aplicações da internet se tornam partes integrantes do sistema de atividades como um todo, reforçam o caráter de diferenciação da empresa e são muito mais difíceis de imitar do que aplicações independentes.

O modelo Swot

O modelo de pontos fortes (*strenghts*) e pontos fracos (*weaknesses*), oportunidades (*opportunities*) e ameaças (*threats*) teve origem na década de 1960 e representou um passo importante para a disseminação do planejamento estratégico. Neste estudo, buscamos compatibilizar aspectos internos da organização e aspectos externos visíveis (Serra, Torres e Torres, 2004) do mercado. Esse modelo começa com a listagem de fatores ameaçadores e favoráveis à atuação da empresa em análise e é concluído com a verificação de forças e fraquezas existentes na organização e percebidas pelos participantes da análise.

Uma das funções práticas da análise Swot é possibilitar a escolha de uma estratégia adequada para que se alcancem determinados objetivos, a partir de uma avaliação crítica dos ambientes externo e interno. Veja um exemplo de análise no quadro 5.

Quadro 5
EXEMPLO DE ANÁLISE SWOT

Forças	Fraquezas
F1 - Proteção de patentes F2 - Equipe interna de alto nível F3 - Vantagens de custo F4 - Recursos financeiros disponíveis	f1 - Distribuição falha f2 - Processo decisório lento f3 - Investimento insuficiente f4 - Atendimento burocrático
Oportunidades	**Ameaças**
O1 - Novos mercados regionais O2 - Alianças estratégicas com parceiros internacionais O3 - Novas tecnologias disponíveis no mercado O4 - Novos modelos de produção e prestação de serviços	A1 - Regulação governamental A2 - Novos concorrentes A3 - Mudança de hábito dos consumidores A4 - Crise econômica

Após isso, as observações do modelo Swot enumeradas devem ser comparadas da seguinte forma, uma a uma, conforme o quadro 6.

Quadro 6
POTENCIALIZAÇÃO DA MATRIZ SWOT

	Ameaças	Oportunidades
Pontos fortes	Capacidades defensivas: pontos fortes que podem ser negativamente influenciados por aspectos externos.	Capacidade ofensiva: oportunidades que podem potencializar pontos fortes.
Pontos fracos	Vulnerabilidade: ameaças sobre aspectos frágeis de nossa organização.	Debilidades: oportunidades não aproveitáveis devido à fragilidades na organização.

Cada oportunidade (O) com cada ponto forte (F): buscando estratégicas ofensivas, alavancas que uma vez aproveitadas poderão conferir à empresa uma vantagem competitiva.

Cada oportunidade (O) com cada ponto fraco (f): buscando identificar debilidades, ou seja, restrições a serem atacadas para o aproveitamento de oportunidades.

Cada ameaça (A) com cada ponto forte (F): verificando capacidades defensivas que reforçarão o potencial de uma força interna frente a uma condição externa, permitindo a proposição de ações que enfrentem a ameaça em questão.

Cada ameaça (A) com cada ponto fraco (f): identificando focos de vulnerabilidades que precisam ser enfrentados por meio de ações defensivas ou fortalecedoras. Da análise dos cruzamentos, podemos emitir diagnósticos sobre capacidades defensivas, alavancas, problemas e restrições, conforme podemos ver na figura 11.

Figura 11
CRUZAMENTO DE ASPECTOS DO MODELO SWOT

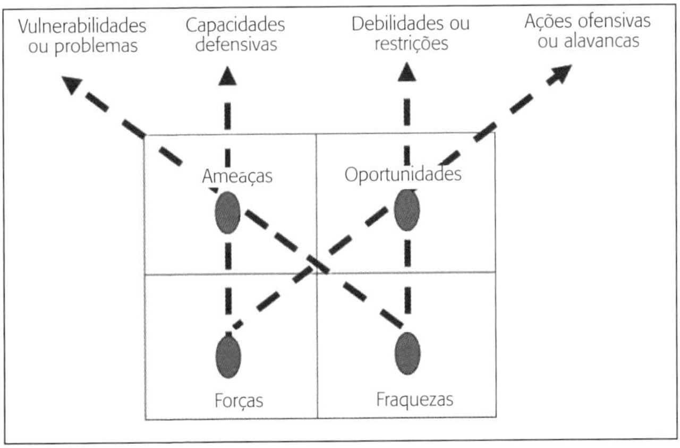

Além disso, as combinações obtidas entre quadrantes devem funcionar como insights de estratégias e táticas.

As estratégias podem ser geradas por meio do cruzamento dos aspectos externos e internos dispostos em quadrantes. Veja alguns exemplos de cruzamentos baseados nos dados do quadro 5:

❑ O1F4 = oportunidade 1 e ponto forte 4 – ações ofensivas que apontam a possibilidade de desenvolvermos uma expansão regional autofinanciada;

❑ O2f2 = oportunidade 2 e ponto fraco 2 – ações para anular as debilidades geradas pela dificuldade da organização em ser proativa no fomento de parcerias internacionais podem sugerir uma ação de estruturação de área interna especializada em relações internacionais;

❑ A3f4 = ameaça 3 e ponto fraco 4 – ações para anular a vulnerabilidade que nos leva a aperfeiçoar nossa área de atendimento como fonte de pesquisa de necessidades do mercado;

❑ A2F4 = ameaça 2 e ponto forte 4 – ações para nos defender. Capacidade defensiva deve ser criada sobre recursos financeiros disponíveis na empresa para investimento, evitando perdas com ações de proteção quanto à entrada de novos concorrentes no seu mercado. Essa situação induz os gestores a instituir uma ação de composição de grupo de interesse setorial, formado de empresas concorrentes já instaladas, para partilhar os custos necessários ao levantamento de barreiras legais à entrada de novos *players*.

No desenvolvimento de uma análise Swot, seja para a empresa ou para um concorrente, devem ser considerados alguns pontos importantes. Veja a seguir:

❑ em geral, não devemos colocar muitas conclusões para cada categoria (quadrante), sob pena de não otimizarmos a utilização da ferramenta e de não priorizarmos aqueles pontos mais relevantes;

- devemos lembrar que tanto as fortalezas quanto as fraquezas são internas à empresa e estão sob o seu controle direto, assim como as oportunidades e ameaças são externas à empresa e, portanto, estão fora de seu controle;
- por definição, um ponto-chave de uma categoria não pode ser um ponto-chave para outra, ou seja, um ponto que esteja presente como "fortaleza" não pode estar listado como "fraqueza", ou vice-versa;
- pontos fortes e fracos são relativos e têm limites, não se aplicando a todos os concorrentes e a todas as situações de mercado;
- ao usar essa ferramenta, deve-se iniciar com uma abordagem ampla das fortalezas e fraquezas, e então achar a melhor combinação relativa de fortalezas e ausência de fraquezas críticas a ser utilizada contra concorrentes específicos em determinados mercados;
- se a análise indicar a mesma fortaleza para a empresa e um concorrente, é provável que não seja uma fortaleza para nenhum dos dois, mas sim uma condição básica para competir no mercado em análise.

A matriz Swot pode ser considerada, portanto, uma útil ferramenta de consolidação de duas análises – interna e externa – que pode resumir, em apenas um quadro, as principais conclusões trazidas por análises mais detalhadas dos ambientes externo e interno, como aquelas resultantes da aplicação do modelo das cinco forças e da cadeia de valor, como vimos.

Neste capítulo, abordamos como instrumentalizar a análise competitiva por meio da análise do macroambiente externo, utilizando a análise de cenários e o modelo de cinco forças de Porter. Complementamos a análise por meio da verificação do macroambiente interno, utilizando para isso a análise da cadeia de valor e a construção e potencialização da matriz Swot. Você pode ainda ver o exemplo do estudo de caso, parte 3, a seguir.

No próximo capítulo abordaremos a definição e o desenho de estratégias que permitem a inserção internacional das organizações empresariais.

O caso da empresa Forest – parte 3

Felipe e Cristina trabalharam bastante na consolidação dos dados obtidos no primeiro *workshop* e em um material de estudo prévio contendo uma pesquisa de referências na mídia sobre tendências econômicas, mercado, concorrência, tecnologia, moda, entre outros aspectos. Esse documento foi enviado para todos os participantes com antecedência de quatro dias em relação à data do segundo *workshop*, juntamente com o relatório gerencial que consolidava indicadores internos disponíveis.

— Assim, todos terão chance de se preparar para as discussões — expressou Felipe.

Após 30 minutos do início das discussões em grupo na reunião, ficou claro que muitos não haviam se preparado adequadamente com a leitura do material de estudo. Houve grande debate entre participantes sobre questões referentes a cenários prospectivos, havendo divergências a respeito das perspectivas serem positivas ou negativas para o futuro da Forest. A economia mundial vai crescer ou haverá recessão? Surgirão concorrentes ou continuaremos na vanguarda? Havia, inclusive, uma tendência de discutir aspectos internos antes de consolidar aspectos externos.

Foi necessário que Felipe reforçasse algo que já havia mencionado:

— Vejam, o planejamento estratégico deve nos permitir, eu diria, ler as "sombras que o futuro lança sobre o presente". Nossas definições sobre cenários, as forças competitivas, ameaças e oportunidades devem ser feitas com base no que de mais provável e palpável se apresenta no momento. No pensamento moderno em estratégia, vamos ter de nos preparar para navegar em qualquer condição, favorável ou não. Essa capacidade será discutida na análise do ambiente interno, na análise da cadeia de valor da empresa.

Sua ressalva foi realmente importante. A equipe de trabalho da qual Otávio participava, a mais conflituosa, conseguiu convergir em torno de considerações. As contribuições de todos os grupos foram consolidadas e apresentadas por Felipe, apontando haver cenários positivos de crescimento da demanda pelos produtos da Forest, mas também a necessidade de desenvolver novos mercados para diluir o risco de concentração em países europeus que viviam ameaças de retração.

Uma surpresa positiva foi observada: a participação de Marcos, diretor de marketing, foi elogiada por todos. Ele foi capaz de expressar com eloquência os resultados do seu grupo de trabalho e ainda apontou dimensões de análise do ambiente externo que não estavam sendo discutidas, tais como sociedade e regulação.

— É interessante ver como as lideranças podem surgir espontaneamente quando o grupo é levado a pensar como o dono da empresa — comentou Felipe com Cristina.

Elizabeth perguntou a Felipe o que ele achava dos resultados das primeiras duas reuniões de trabalho.

— Eu vejo resultados positivos — respondeu ele. — É interessante perceber que essas discussões tendem a gerar mais conforto decisório para os executivos, que se sentem mais preparados com informações atualizadas e opiniões formadas. Temos feito pesquisas com os participantes e vimos que aqueles que estão mais recentemente na empresa valorizam mais a oportunidade. Isso me leva a crer que haver um esforço de planejamento estratégico no novo ambiente de negócios é um meio de atrair, reter e desenvolver valores organizacionais.

A análise do ambiente interno foi marcada por ameaças de conflitos entre as áreas especialistas do negócio. A definição de pontos fortes gerou certa concordância em torno do poder da marca, do domínio da tecnologia e da gestão da cadeia produtiva complexa. Mas houve certa troca de farpas entre áreas como marketing, produção e financeira, cada qual resistente a incluir entre os pontos fracos aspectos como força de venda pouco produtiva, elevado nível de perda na fabricação e burocracia elevada nos processos de pagamentos.

Dessa vez, Elizabeth se antecipou a Felipe e orientou:

— Vejam, somos gestores da empresa e não apenas de departamentos da empresa. Identificar pontos fracos não é apontar erros e omissões, algo que nossa auditoria já faz muito bem. Entendo que pontos fracos são problemas que demandam tempo, investimento e mudanças profundas na forma de pensarmos e agirmos. E tenham certeza de que, com relação ao que foi apresentado, estou bem consciente de que são condições geradas até o momento em decorrência do nosso crescimento acelerado, e de que fizemos o melhor possível. Este planejamento estratégico é apenas uma oportunidade de revisitarmos tais situações, algo que acabamos por não realizar em nosso dia a dia.

Suas palavras tiveram um efeito tranquilizador sobre todos, e Felipe e Cristina puderam respirar aliviados.

A análise Swot foi utilizada para consolidar e resumir as principais conclusões obtidas das análises das forças competitivas e da cadeia de valor, listando as ameaças e oportunidades (externas à empresa) e as forças e fraquezas (internas à empresa). O resultado foi muito produtivo, gerando 15 ações relevantes para o negócio. Algumas delas inesperadas, tal como investir em controles internos, na medida em que a organização vive sob a pressão de reguladores e que constatou ter processos com riscos de perdas, como estoques e transporte.

Otávio, por seu viés de produção, pôde contribuir ativamente com a análise da cadeia de valor, apontando restrições em processos produtivos e tecnologia da informação.

O balanço geral dos resultados do trabalho até o momento foi melhor que o dos encontros anteriores. Felipe confidenciou a Cristina:

— Toda a análise do ambiente externo permite aos executivos colocar as questões internas em uma perspectiva mais adequada. Se só discutíssemos o ambiente interno, poderíamos ficar remoendo e reforçando neuroses internas, sem que houvesse uma proposição proativa de ação.

4

Definição do desenho da estratégia e inserção internacional

Neste capítulo, exploraremos as principais decisões estratégicas que uma empresa deve enfrentar quando pretende inserir-se no contexto do comércio global. Tais decisões exploram todos os pontos apresentados até aqui, contextualizados em termos do que planejar e executar.

As questões fundamentais que se apresentam têm a ver com avaliar a adequação do momento empresarial para uma inserção mais efetiva, os objetivos do negócio nessa inserção e possíveis alternativas estratégicas que direcionem a resultados mais bem-planejados. É o que veremos a seguir.

Avaliando se é hora de se tornar global

Quando a empresa alcança determinado porte e atinge sucesso econômico em seu mercado de origem, é natural que surja entre seus gestores a pretensão de expandir o negócio para além das fronteiras nacionais.

Essa expansão pode ocorrer tanto com a busca de clientes internacionais, visando à exportação de produtos e serviços, quanto com o estabelecimento de parcerias e alianças que permitam à empresa importar produtos e serviços de terceiros para seu mercado local.

Aqui, vale frisar que há diferentes níveis de inserção global. Com a globalização amplamente estabelecida e o papel que o Brasil tem desempenhado no comércio global, pode-se considerar que é relativamente comum ver empresas realizando ações comerciais esporádicas com fornecedores e clientes internacionais. Nesse nível de comércio internacional mais simples, poderíamos incluir a compra de matérias-primas, suprimentos, equipamentos, ou mesmo a realização de algumas vendas de oportunidade, surgidas no dia a dia das operações da empresa e realizadas em bases eventuais. Afinal, com a rapidez de acesso a informações e o uso da internet, é relativamente simples encontrar fornecedores e compradores de praticamente qualquer produto em qualquer país, e as vantagens de preços podem valer a pena.

Mesmo que essa atividade de comércio internacional eventual ocorra com certa frequência, em muitos casos sua importância será sempre pequena em relação ao negócio como um todo. Não há nenhum problema aí, pois conhecemos muitos casos de boas empresas que restringem sua atuação a isso e se sentem satisfeitas. Na verdade, pode até ser uma etapa anterior de "experimentação", uma prévia de como a empresa poderá atuar em comércio internacional no futuro.

Logo, há outro nível de inserção internacional, que ocorre quando estamos avaliando uma atuação significativa como exportador ou importador, ou mesmo na atuação direta em mercados estrangeiros. Desse modo, as operações em comércio internacional passam a ter um peso significativo no faturamento e na rentabilidade da empresa. É importante destacar que isso vai muito além da atividade eventual de negociações com *players* no exterior, pois implica realmente planejar uma expansão global, atendendo a clientes e mercados novos com uma visão de longo prazo, privilegiando o crescimento e a continuidade, com todas as possibilidades e riscos ligados a essa novidade.

O desafio aqui pode ser resumido com as perguntas: o que você deve fazer e considerar se quiser que a sua empresa obtenha uma inserção internacional significativa? E o que é essa inserção?

A internacionalização significativa é um processo decisório estratégico mais amplo, que envolve diretamente os gestores do negócio. E é de extrema importância se a empresa decide ir além da realização de operações internacionais esporádicas, buscando uma atuação mais planejada, considerando também o médio e o longo prazos.

Há fatores externos que podem motivar essa decisão, como mudanças no mercado local ou global, ou a busca de crescimento, ou de oportunidade de estabilizar ganhos, enfrentar altos custos de produção no mercado doméstico, seguir compradores globais, obter economias de escalas, usufruir de uma regulamentação mais suave no estrangeiro, ou ainda chances de maior aprendizado no exterior (Afuah, 2009). O cuidado é não se deixar levar por fatores conjunturais, que podem estar favoráveis agora, mas são sujeitos a mudanças em cenários futuros.

É importante, então, avaliar a motivação empresarial existente, no sentido de tornar a empresa mais estrategicamente inserida no mercado internacional. É possível mapear as principais motivações de uma empresa em definir estratégias globais. Segundo Aaker (2001), as principais motivações seriam:

❏ *acesso a materiais e mão de obra de baixo custo* – sua empresa terá condições de obter vantagens econômicas e financeiras por meio deste acesso? A qualificação de fornecedores é adequada? Há real perspectiva de continuidade e estabilidade nesse fornecimento? O uso de mão de obra de menor custo

pode ser feito de maneira ética e legal, respeitando as políticas de gestão de recursos humanos da empresa?
- *acesso a incentivos locais* – esses incentivos são de validade predeterminada ou são permanentes? Se o incentivo for futuramente cortado ou reduzido, isso impactará o negócio em que nível?
- *subsídios cruzados* – esses subsídios são também permanentes ou conjunturais? Além disso, quais as contrapartidas e reciprocidades necessárias para obtê-los?
- *driblar barreiras comerciais* – em alguns mercados, apenas estruturando uma presença local mais intensa já se obtém a quebra de barreiras comerciais. É esse o caso do mercado pretendido? As barreiras impostas podem ser modificadas?
- *acesso a mercados estratégicos* – aqui, por mercados estratégicos entendemos que são aqueles que permitem grandes possibilidades de crescimento, até por estarem em processo de desenvolvimento mais acelerado, comparativamente a mercados mais maduros. É o caso do mercado pretendido? E mesmo se sim, isso é verdade para seu ramo de atuação?
- *obter economias de escala* – é possível obter essa economia de escala por meio da fabricação e de vendas globais de produtos padronizados, sem modificações ou ao menos com mínimas adaptações a mercados locais?
- *criar associações globais* – é possível algum tipo de parceria, aliança global ou *joint ventures* com outras organizações atuantes no mercado pretendido? Tais associações trazem sinergias positivas?

Recomendamos que você analise, na sua empresa, os itens aqui apresentados sempre que for avaliar estratégias de expansão global. Se a avaliação do peso desses fatores for positiva, podemos considerar que se justifica o planejamento de uma inserção internacional mais arrojada.

Estrutura organizacional para atuar no comércio internacional

Outro ponto a avaliar são as adaptações que a empresa precisa ter em sua estrutura organizacional quando sua inserção em comércio internacional se expande.

Algumas questões importantes devem ser consideradas, aplicando-se os conceitos que já apresentamos em capítulos anteriores. Um exemplo prático é avaliar se os valores, políticas, visão e missão atuais da empresa estão adequados e alinhados, de modo a servirem como diretrizes empresariais sólidas no processo de inserção global.

É importante definir se as capacidades da empresa são adequadas e suficientes para atuar no mercado global. Aqui, um conceito útil é o de fatores críticos de sucesso (FCS) (Thompson, 2000). Chamamos de FCS aqueles elementos que diferenciam a empresa em seu mercado e contribuem de maneira decisiva para seu sucesso. Podemos citar, como exemplos de FCS:

- reputação sólida financeiramente;
- administração e gestão qualificadas;
- conhecimento do mercado pretendido;
- adequada imagem perante os *stakeholders*;
- equipamentos disponíveis e tecnologia empregada;
- relacionamento com os fornecedores;
- expertise no controle dos custos;
- localização (ponto);
- linhas de produtos e serviços;
- expertise em canais de distribuição, logística ou campanhas promocionais.

É importantíssimo avaliar quais desses FCS fazem a diferença para sua empresa e questionar se estes FCS justificadores do sucesso no seu mercado de origem terão o mesmo efeito nos novos mercados globais nos quais a empresa pretende atuar. Talvez em novos mercados a empresa tenha de desenvolver novas capacidades. Isso pode consumir recursos preciosos e mesmo inviabilizar uma expansão mais rápida. O ideal seria que a empresa pudesse atuar em mercados globais nos quais seus tradicionais FCS continuassem sendo determinantes para vencer a competição a ser enfrentada.

E, por fim, vale analisar uma questão que se apresenta com certa frequência: uma empresa precisa ser de grande porte para ter sua inserção válida no mercado internacional?

É evidente que um porte maior pode trazer as vantagens econômicas de disponibilidade e uso de recursos. Mas são muitos os casos de empresas de pequeno e médio porte que obtêm grande sucesso atuando globalmente, mesmo que com números comparativamente modestos. Cabe aos gestores avaliarem se os recursos necessários para a atuação global são suficientes e adequados, e se o custo de oportunidade de seu uso se justifica, evitando assim que outros fatores subjetivos, como o desejo de ter uma imagem "de empresa global", levem a uma expansão precoce e prejudicial ao desempenho da empresa como um todo.

Objetivos da inserção no mercado global

Em capítulos anteriores, comentamos que a boa definição de objetivos é fundamental dentro do processo de planejamento da estratégia. Vale então frisar que é necessário contextualizar os objetivos empresariais de faturamento, rentabilidade e imagem com a inserção global pretendida.

Os objetivos podem ser definidos como "aonde" queremos chegar com nosso negócio e devem ser expressos como "metas", na realidade um detalhamento dos objetivos, quantificadas e com prazos precisos no tempo, devendo ser desafiadoras, mas ao mesmo tempo realistas. Os objetivos e as metas têm o papel de orientadores da estratégia, e para isso devem ser hierarquizados e consistentes entre si, flexíveis em caso de mudanças e ainda assim estimulantes, gerando colaboração entre os envolvidos com sua execução (Silva, 2011). No capítulo anterior vimos que os objetivos são como marcos do desempenho esperado e declarações dos resultados específicos a serem alcançados.

Claro que o ideal seria alinhar os objetivos de todos os *stakeholders*, tanto do mercado de origem quanto dos mercados globais pretendidos. Isso pode parecer uma recomendação óbvia, mas a dificuldade está em fazê-la funcionar na prática, pois, por vezes, mudanças conjunturais no mercado principal podem prejudicar e atingir os objetivos e metas em mercados internacionais.

Uma análise de prioridades e de priorizações também deve ser realizada em termos de tempo. Sabemos que há objetivos de curto, de médio e de longo prazo, e estes devem ser coerentes entre si, de modo que haja um encadeamento lógico e paulatino. Deve-se evitar sacrificar os objetivos de longo prazo para atingir os de curto prazo. Um exemplo prático: para entrar em um novo mercado global, a empresa baixa seus preços a ponto de trabalhar com margens negativas. No curto prazo, os volumes de vendas podem ser atingidos, mas no médio ou no longo prazos, a falta de rentabilidade pode minguar o negócio. Na tentativa de recuperar margens, os preços podem ser aumentados, mas o sucesso dessa medida será questionável, talvez afastando os recém-conquistados clientes, por fim "queimando" a imagem da empresa no novo mercado.

Vale comentar que os objetivos de marketing podem ser escolhidos de maneira estruturada, segundo McDonald (2008). Dependendo de qual seja a necessidade de expansão dos negócios, o autor sugere realizar uma comparação entre produtos e mercados, à semelhança da análise sugerida numa clássica ferramenta estratégica, a assim chamada "matriz de Ansoff".

Vamos analisá-la a seguir, dentro do contexto de definição de estratégias para a inserção global.

Estratégias para a inserção global

Há muitas alternativas estratégicas para uma empresa iniciar ou expandir a sua inserção global. Esta tem a ver com a expansão de negócios e pode ser implantada por meio de exportações, importações, *joint ventures* com empresas locais e até mesmo com a atuação direta em um novo mercado internacional.

Como decidir qual a melhor estratégia? Uma ferramenta recomendada de análise para auxiliar nesse processo é a matriz de Ansoff, também conhecida como "matriz produto × mercado", mostrada na figura 12. Estudando como as empresas podem expandir seus negócios, Ansoff (1997) classificou quatro principais alternativas.

Figura 12
A MATRIZ ESTRATÉGICA DE ANSOFF

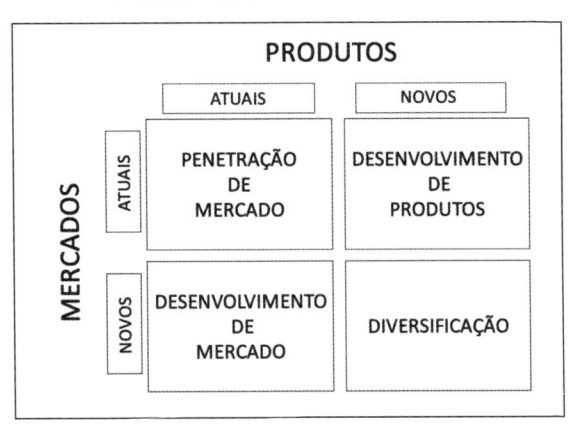

		PRODUTOS	
		ATUAIS	NOVOS
MERCADOS	ATUAIS	PENETRAÇÃO DE MERCADO	DESENVOLVIMENTO DE PRODUTOS
	NOVOS	DESENVOLVIMENTO DE MERCADO	DIVERSIFICAÇÃO

Fonte: Adaptada de Ansoff (1997:83).

Uma empresa pode crescer por meio de produtos atuais e produtos novos, no mercado atual e em mercados novos. Esse modelo pode ser assim analisado (Silva, 2011):

- estratégia de penetração de mercado é voltada a vender mais para os atuais clientes, ampliando assim o seu *market share*;
- a estratégia de desenvolvimento de mercado é voltada a ampliar a venda dos produtos atuais para novos mercados. Típica de empresas que buscam expansão geográfica para outras praças;
- a estratégia de desenvolvimento de produto é voltada a aumentar os negócios por meio do desenvolvimento de novos produtos, que serão vendidos no mercado atual da empresa;
- já a estratégia de diversificação visa lançar novos produtos em novos mercados. É a estratégia que requer mais investimentos.

Uma empresa pode optar por qualquer destas estratégias para crescer, dependendo obviamente dos condicionantes de seus produtos e mercados, que podem limitar ou parametrizar esse crescimento.

No contexto de comércio internacional, a análise a se fazer é avaliar se a expansão geográfica buscando mercados globais se justifica. Faz sentido imaginar que um bom processo estratégico seguiria uma ordem: primeiro explorar ao máximo os mercados atuais e depois partir para novos mercados. Claro que isso tem de ser avaliado muito bem, usando-se todas as ferramentas de cenários de negócio que já discutimos anteriormente. Mas não deixa de ser instigante a possibilidade de realizar uma criteriosa reflexão antes de sair expandindo a empresa. Foi feita nossa "lição de casa" antes de sair buscando novos mercados? Até porque um efeito negativo de uma excessiva expansão seria enfraquecer a empresa em seu mercado de origem, algo fatal quando estamos tratando de processos mais orgânicos e equilibrados de crescimento.

Eis aí um grande desafio para você, estrategista! A inserção pode ocorrer não apenas com a empresa expandindo seus negócios para outros mercados como exportadora, mas também como importadora. Os novos produtos para o mercado atual podem ser trazidos de fora, e, mesmo que sejam produtos antigos nos mercados de origem, uma vez importados serão novidade no mercado local.

A empresa pode, ainda, se expandir fazendo parte de redes de negócios, ou montando redes de relacionamento com fornecedores internacionais, construindo alianças estratégicas com outras empresas e entidades.

Opções estratégicas e alianças

Onkvist e Shaw (2007) apresentam as seguintes opções estratégicas para uma empresa que pretende atuar no mercado internacional:

- investimento estrangeiro direto – a empresa investe diretamente e monta uma operação completa no mercado pretendido. As vantagens aqui estão no total controle de todas as operações e processos. Os riscos, além dos inerentes ao negócio, têm também a ver com a estabilidade política, transparência e solidez legal do país escolhido;
- exportações – aqui pensando apenas na venda de produtos já produzidos no mercado de origem, se possível com o mínimo de customizações para aproveitar os excedentes de produção e economias de escala. É uma estratégia mais simples e de baixo risco, sendo muito adotada por empresas que estão se iniciando no comércio internacional. O principal problema é que nem sempre é uma estratégia otimizada, já que o

marketing tende a ser inflexível e de baixa reatividade caso haja mudanças;
- licenciamento – um modelo interessante de atuação, em que a marca e o modelo de negócio podem ser licenciados para serem operados por empresas estrangeiras. Os autores citam o exemplo da Disneylândia de Tóquio, operada pelas empresas japonesas Keisei e Mitsui. A Disney Corporation recebe 10% das receitas das bilheterias, mais 5% da venda de alimentos e mercadorias das lojas do parque. Mesmo assim, o parque segue todos os princípios e sistemas administrativos da empresa de origem. A desvantagem, nesse caso, são as menores margens de lucro, apesar da vantagem da operação mais simples;
- contratos de gestão – em algumas situações em que a regulamentação do mercado pretendido assim o exige, ou quando o investimento direto não é de interesse da empresa, há a possibilidade de se estabelecer um contrato com um terceiro local, no qual a empresa não será dona da operação, mas fará sua gestão e, eventualmente, até mesmo utilizará sua marca. Um exemplo típico vem do ramo de hotelaria. A Accor, em muitos casos, não é a dona dos hotéis que opera;
- *joint ventures* – em resumo, é uma parceria entre diferentes empresas, caracterizando-se como um *joint venture* internacional se as empresas tiverem origens em países diferentes. Em algumas situações este pode ser o modelo preferencial de negócios, como ocorre na China, onde as empresas estrangeiras são associadas a empresas locais ou ao próprio governo;
- manufatura no mercado estrangeiro – para algumas empresas, possuir uma fábrica no país estrangeiro é a melhor estratégia de ampliação de mercado. Empresas de vários setores adotam esta estratégia, como Honda, Unilever, Philip Morris, entre outras;

- operações de linha de montagem no país estrangeiro – também uma estratégia de manufatura, mas com a vantagem de a empresa poder selecionar peças e partes do processo de fabricação de variadas origens, conseguindo assim vantagens de custos por ter sua cadeia de fornecimento espalhada em diferentes países. A indústria eletroeletrônica utiliza muito este expediente. Como exemplo, podemos citar, entre outros, o iPhone, desenhado na Califórnia, mas montado na China com peças originárias de diversos países;
- operações do tipo *turn key* – nesse caso, a empresa recebe pronta para operar uma fábrica ou instalação. É um sistema muito utilizado em grandes projetos de infraestrutura, no qual um governo estrangeiro pode ser o responsável pela montagem das instalações que serão operadas pela empresa;
- aquisições de empresas no mercado estrangeiro – uma das formas mais efetivas de se entrar num mercado estrangeiro. Com a aquisição de uma empresa local, os ganhos de conhecimento de mercado, de presença, de equipes, de disponibilidade de canais de distribuição, entre outros fatores, podem ser muito compensadores. O cuidado aqui é com a legislação antitruste que pode existir em cada país. Dependendo de como se dê a aquisição, a ameaça de formação de cartel ou de diminuição da competição pode implicar sérias barreiras e mesmo inviabilizar o negócio por determinação de órgãos reguladores governamentais;
- alianças estratégicas, que podem mesclar cada uma das alternativas anteriores.

Os autores ainda sugerem a exploração das "zonas de comércio exterior", normalmente espaços geográficos dentro de determinado país com vantagens para atuação de empresas não locais, à semelhança das "zonas francas" (Onkvist e Shaw, 2007).

Seja qual for o modelo escolhido, a aliança pode ocorrer em termos de relações de cliente com seus fornecedores, estabelecendo contratos de relacionamento mais estáveis, por exemplo, um contrato de garantia de fornecimento, prazos e exclusividade, como modelo prévio à montagem de uma *joint venture* (Aaker, 2001).

As motivações para organizar tais alianças de negócio podem ser variadas, mas merecem destaque fatores como a geração de economias de escala, a obtenção de acesso a mercados estratégicos que sejam de conhecimento do parceiro local, além da superação de barreiras comerciais e legais, que podem ser menores para a empresa parceira originária do mercado estrangeiro focado.

Um grande desafio é fazer com que essas alianças estratégicas funcionem entre empresas de países, culturas e portes diferentes. Não bastam apenas acordos jurídicos. Para a aliança ser efetiva e gerar frutos, é necessário haver um alinhamento de interesses entre as partes, com o estabelecimento de uma relação "ganha-ganha" entre as empresas. Também a administração das diferenças e a flexibilidade para mudanças são alguns dos requisitos para o sucesso (Aaker, 2001). Parte importante é saber que sempre haverá assimetria de informações entre as empresas participantes da aliança, o que só tende a ser mais complexo considerando empresas de países diversos, destacam Barney e Hesterly (2007).

E é claro que a análise de alocação de recursos deve ser bem-feita. Parece ilógico, ainda pensando no modelo de Ansoff, que uma empresa de sucesso parta para realizar operações de comércio exterior se ainda não explorou totalmente seu mercado local. A resposta a esse dilema vem da análise macro e microambiental realizada pela empresa, tanto em seu mercado local quanto nos mercados pretendidos em sua internacionalização.

Padronização ou customização da estratégia

Ghemawat (2012) propõe a criação de uma "estratégia AAA", mais ajustada ao contexto atual da globalização. Essa estratégia visa fazer com que a empresa crie valor internacionalmente por meio dos mencionados "AAA", assim apresentados:

❏ *adaptação* – a empresa tenta criar ajustes a diferenças internacionais para aumentar sua adaptação a cada local;
❏ *agregação* – a empresa tenta superar as diferenças internacionais para ter economias de escala, independentemente do país que for atendido;
❏ *arbitragem de câmbio* – a empresa atua aproveitando diferenças cambiais, comprando barato em um país e vendendo mais caro em outro.

O ideal, segundo o autor, seria equilibrar e realizar uma combinação das três alternativas, adaptadas caso a caso.

A questão que se coloca na inserção global é adaptar ou não essas estratégias que funcionam no mercado local ao mercado global. É o que Aaker (2001:257) chama de "opção entre padronização ou customização". As alternativas que se apresentam são padronizar ou customizar as estratégias ligadas a cada área da empresa: vendas, marketing, operações, finanças e jurídica. Segundo o autor, há vantagens na padronização, ligadas às economias de escala de uma única estratégia para tudo: publicidade, embalagens, promoções, sinergias entre a estratégia local e a global, com sobreposição de mídia e aproveitamento de clientes que viajam e conhecem a marca em vários países; associação da presença global com o país de origem, principalmente quando a imagem da origem local agrega valor e diferenciais (por exemplo, imagine um uísque *escocês*. Ser da Escócia é grande parte do diferencial).

E também há vantagens na customização. A mais evidente é a possibilidade de se desenvolver um marketing *mix* (decisões de produtos, preços, praças e promoções) sob medida para o mercado internacional pretendido, feito sem as restrições de uma estratégia global padronizada.

A customização ainda permite que a empresa adapte sua estratégia em termos de localização, ampliando o conceito tradicional originado no marketing *mix*, no qual a "praça" era um local físico da venda do produto (Kotler e Keller, 2007). Hoje existem "múltiplas praças", além da praça física (Quelch e Jocz, 2012):

- *geográfica*, com características típicas de determinado local;
- *psicológica*, com crenças e valores variáveis local a local;
- *virtual*, pois com o impacto da internet e de equipamentos de acesso móvel, o cliente pode acessar online informações precisas sobre produtos de qualquer lugar. Esse impacto da internet também é destacado por De Palma (2002), que chega a classificar a rede como se fosse um novo continente;
- *global*, na qual as marcas que são verdadeiramente globais podem aproveitar sua liderança global para dominar os mercados locais. Um exemplo seria o McDonald's, hoje a maior franquia de restaurantes do mundo.

Qual seria a melhor abordagem: padronizar ou customizar? Um cuidado deve ser tomado aqui: pode parecer que as estratégias customizadas são superiores às estratégias padronizadas. Não necessariamente, pois existem inúmeros exemplos de estratégias padronizadas globais de imenso sucesso. Apenas para citar um exemplo evidente, podemos pensar na Coca-Cola, que vende basicamente o mesmo refrigerante em todos os países nos quais atua.

A escolha tem mais a ver com a avaliação dos recursos da empresa, se permitem ou não mais customização, ao mesmo tempo que se avaliam as reais necessidades de adaptação aos mercados locais. Para tal, recomenda-se que sejam realizadas pesquisas de mercado precisas, se possível por um instituto de pesquisa global ou ao menos atuante e conhecedor do mercado pretendido.

E ainda é importante lembrar que a customização pode ser focada em "países líderes" (Aaker, 2001), ou seja, não necessariamente a empresa precisa ter estratégias específicas para cada país. Pode-se selecionar uma customização mais regional, escolhendo um modelo baseado em mercados maiores que ditam padrões, como faz a indústria automobilística com seus "carros mundiais". Normalmente existem versões de um mesmo modelo desenhadas com algumas diferenças para países específicos, como os Estados Unidos, ou para regiões, como os mercados europeu e asiático. E são essas versões que atendem a todos os demais países, sendo escolhidas para cada mercado aquelas que mais se adaptam aos hábitos de consumo locais. Um exemplo: o automóvel Toyota Corolla que é vendido no Brasil é praticamente o mesmo que é vendido nos Estados Unidos, mas é ligeiramente diferente do Corolla vendido no Japão. O desafio é gerenciar essas estratégias dentro de um mercado em que as fronteiras geográficas não expressam necessariamente as fronteiras comportamentais (Montgomery e Porter, 1998).

Posicionamento estratégico em mercados globais

O conceito de posicionamento estratégico inclui todas as análises clássicas propostas nos capítulos anteriores, como escolha de estratégias genéricas de competição, análise da cadeia de valor e definição de um espaço a ser ocupado no mercado e na mente do consumidor que coloque a empresa em vantagem sobre seus competidores.

Há alguns complementos, específicos para um contexto global, que podem nos ajudar a refinar a análise.

Afuah (2009) propõe um modelo interessante de análise para as diferentes estratégias globais de uma empresa, comparando o posicionamento do produto no mercado com os recursos e capacidades da empresa, considerando mercados internacionais. A figura 13 apresenta o modelo.

Figura 13
DIFERENTES ESTRATÉGIAS GLOBAIS

Posicionamento do produto-mercado	Diferentes estratégias globais	
Exclusivo	Aventureiro global	Estrela global
Campo de batalha	Genérico global	Peso-pesado global
	Facilmente disponível ou sem importância	Escasso e importante
	Capacidade e recursos globais	

Fonte: Adaptada de Afuah (2009:239).

Analisando a figura 13, podemos comentar a classificação das empresas:

❑ *genérico global* – a empresa possui produtos de posicionamento indiferenciado e enfrentará outros concorrentes locais similares no mercado estrangeiro visado, entrando no "campo de batalha" comum. Além disso, as capacidades e recursos que a empresa possui são facilmente disponíveis ou sem importância expressiva. Nesse caso, a empresa entrante no mercado internacional travará combate com similares. A justificativa para tal decisão pode ser alguma vantagem relativa, que permita algum sucesso, mesmo que enfrentando concorrentes em contextos parecidos. Exemplos de empresas que adotam esta estratégia: produtoras de *commodities* de baixo custo, indústrias farmacêuticas que produzem medicamentos genéricos e indústrias têxteis;

❑ *peso-pesado global* – nessa estratégia, a empresa entra em outros países para confrontar competidores locais, mas possui recursos e capacidades que são escassos, o que possibilita que crie e se aproprie de mais valor. Um exemplo seria o de companhias petrolíferas de grande porte, quando conseguem concessões de exploração de petróleo em novos países;

❑ *aventureiro global* – apesar de não possuir recursos ou capacidades que a distingam, as empresas desse tipo têm um posicionamento único em seus produtos, o que permite uma atuação diferenciada em muitos países. Foi essa a estratégia das fabricantes japonesas de veículos nos Estados Unidos nos anos 1970, quando seus pequenos, econômicos e confiáveis carros roubaram o mercado dos "carrões" americanos. Carros de alto luxo, como Mercedes e BMW, também se utilizaram dessa estratégia para adentrar muitos mercados internacionais. O condicionante para o sucesso está na capacidade da empresa de manter os diferenciais de posicionamento que evitem novos entrantes imitadores, o que parece ser o caso da Hyundai no mercado brasileiro dos últimos anos;

❑ *estrela global* – nesse caso, a empresa tem capacidades e recursos únicos, além de possuir um posicionamento exclusivo e de difícil cópia. É o caso da Ikea, rede de lojas de móveis de origem sueca que entrou com sucesso nos Estados Unidos nos anos 2000, explorando seu posicionamento único: propicia compras divertidas e experienciais, móveis de baixo custo, mas que estão "na moda", não faz entregas, oferece poucos serviços na loja e a mobília não tem garantia de durabilidade longa. Adicionalmente, a Ikea também explorou suas capacidades únicas: ampla rede de *designers* experientes e habilidade de coordenar e integrar as atividades de fornecedores e fabricantes em escala mundial.

Ser "estrela global" pode parecer mais vantajoso, mas nem todas as empresas possuem as condições descritas para tal escolha. Isso não impede a empresa e ir ao mercado global praticando a estratégia que lhe seja acessível; contudo os riscos e limitantes dessa opção devem sempre ser considerados.

Recomendamos que você considere todas as análises anteriormente propostas quando estiver fazendo a definição de sua estratégia de atuação em comércio internacional. Devidamente consideradas, essas são as bases para uma inserção internacional de sucesso.

Neste capítulo, abordamos as principais estratégias relativas à inserção das organizações em mercados globais. Discutimos a opção de se tornar global ou não e o posicionamento necessário para conformar as forças competitivas no comércio exterior. Apresentamos a parte 4 do caso da empresa Forest, a seguir.

No próximo capítulo, veremos como a empresa pode operacionalizar para implantar esse posicionamento e realizar a gestão estratégica de sua atuação internacional, utilizando-se de ferramentas como o *balanced scorecard* (BSC).

O caso da empresa Forest – parte 4

Com a proximidade da conclusão do planejamento estratégico, foi a vez de Felipe alertar Elizabeth sobre a expectativa a ser gerada na empresa com o plano de ação consequente.

— Fique tranquilo — respondeu ela. — Estou muito satisfeita com os resultados até o momento. Nossos investidores estão acompanhando o trabalho e garantiram que recursos não faltarão se nosso alinhamento for coerente. Nem toda empresa tem tantas perspectivas de crescimento como a nossa. Acredito que mesmo aquelas que enfrentam condições adversas tendem a gerar mais consistência em sua definição de investimento com base no planejamento estratégico.

A reunião sobre o plano de ação e seus projetos teve um clima diferente. As análises não foram mais questionadas, o que demonstrou a consistência do trabalho feito até aquele momento. Mas cada área defendia a priorização de ações que privilegiassem suas necessidades. Foi necessário Felipe intervir:

— Vejam, se cada área ficar melhor, isso não acarretará necessariamente a melhoria da organização como um todo. As ações devem ter sua prioridade estabelecida com base no que é melhor para a empresa como um todo.

O critério então foi avaliar a cadeia de valor como um todo, envolvendo desde fornecedores até consumidores. As restrições verificadas foram a base para a priorização de investimento. Ficou muito claro para todos os envolvidos que o investimento em desenvolvimento de novos mercados e na reestruturação da cadeia logística internacional era aspecto prioritário frente a ações de comunicação ao mercado nacional e investimento em sistemas financeiros. Não que as outras ações não fossem importantes, mas nada era tão urgente quanto oxigenar a empresa com mais demanda internacional.

Cristina nem acreditava no que estava vendo. Antes havia uma grande dificuldade em explicar o papel da gestão de comércio exterior para as demais áreas e agora, com o planejamento estratégico, as diversas áreas é que reconheciam a importância da atividade e indicavam a priorização de investimento sobre ela.

— Felipe, na prática, o planejamento estratégico é um instrumento muito efetivo de comunicação interna — observou.

— É incrível ver Otávio defendendo verbas para a minha área — confessou ela.

5
Operacionalização, implementação e condução da gestão estratégica

Este capítulo tem o propósito de caracterizar e discutir como operacionalizar e implantar a estratégia de uma empresa atuante em comércio exterior.

Uma vez discutidos os conceitos fundamentais de estratégia, definidos os rumos mais amplos da organização, realizada a análise de seus ambientes interno e externo e avaliadas suas possibilidades estratégicas de inserção internacional, cabe à empresa tomar decisões importantes para operacionalizar sua gestão estratégica. A primeira decisão se refere a estabelecer os objetivos e priorizá-los. Uma vez estabelecidos e priorizados, deve-se definir como esses objetivos se relacionam com as estratégias que buscam garantir continuidade à organização. E utilizar ferramentas que contribuam para o desdobramento da visão de futuro, como o *balanced scorecard* (BSC), que permite implantar e controlar as estratégias por meio de objetivos financeiros e não financeiros. Detalharemos esses tópicos a seguir.

O que são objetivos?

Conforme Richers (1994), não há organização sem objetivos, e os objetivos são caracterizados como sistemas de comportamentos cooperativos que orientam o comportamento dos membros da organização de acordo com certos fins esperados. Para Serra, Torres e Torres (2004), os objetivos são compreendidos como marcos do desempenho esperado, relativos aos aspectos estratégicos e que cumprem o papel de auxiliar a organização a manter o foco nos resultados. Johnson, Scholes e Whittington (2011) asseveram que os objetivos são entendidos como as declarações de resultados específicos a serem alcançados, tanto em nível corporativo quanto em nível das unidades estratégicas de negócio.

Cabe aos objetivos reforçar as competências essenciais da organização diante dos fatores críticos de sucesso, convertendo as diretrizes estratégicas, visão e missão em desempenhos específicos esperados. Dessa forma, é possível conseguir manter o rumo para o alcance da visão, permitindo a concepção de objetivos mais robustos.

Os objetivos podem ser classificados quanto a sua natureza, gerais ou específicos, sendo que objetivos gerais dizem respeito a toda a organização e são definidos pela alta administração.Os níveis intermediários identificam e definem objetivos específicos para o alcance de seus resultados.

Os objetivos também podem ser classificados como objetivos de longo prazo, sendo esses de maior abrangência; de médio prazo, considerados objetivos intermediários, e objetivos de curto prazo, que consideramos como metas.

Pode-se ainda classificar os objetivos quanto à forma. Nesse aspecto, eles podem ser expressos quantitativamente, quando referentes a variáveis passíveis de quantificação, como os objetivos financeiros, por exemplo, ou qualitativamente, quando relacionados a critérios subjetivos ou intangíveis de difícil mensuração, como a satisfação do cliente ou a imagem que uma organização tem diante da sociedade.

A definição dos objetivos, na ótica das organizações atuantes no comércio internacional, está relacionada à definição de horizontes temporais ligados ao planejamento estratégico e às áreas temáticas em que os objetivos estratégicos estão inseridos.

A formulação dos objetivos

Duas questões fundamentais devem ser consideradas pelas organizações no estabelecimento dos objetivos estratégicos. A primeira está relacionada à sua quantificação, que possibilita a mensuração de sua realização. A segunda se refere ao estabelecimento de um conjunto de objetivos para cada nível hierárquico, de modo a garantir que todos os níveis tenham a clareza sobre sua contribuição no resultado da organização.

Em geral, observamos a avaliação do desempenho das organizações em função de sua lucratividade e da satisfação alcançada junto ao seu público e empregados. Dessa forma, segundo Serra, Torres e Torres (2004), os objetivos não devem ser apenas financeiros, mas também estratégicos. Em comércio internacional, esta definição de objetivos deve considerar as possibilidades e ambições da empresa em relação à sua atuação global, conforme discutimos no capítulo 4.

Os objetivos financeiros estão relacionados à busca da lucratividade e contribuem para assegurar os recursos necessários para sustentar e manter a organização no curto prazo; estão relacionados com crescimento de receitas, rentabilidade do capital investido ou maximização do fluxo de caixa, por exemplo. Já os objetivos estratégicos conduzem a organização ao desempenho superior de longo prazo, visando à competitividade e à determinação dos esforços que a organização deve fazer hoje para garantir o futuro de sua atuação tanto em nível local quanto global.

A construção dos objetivos deve primar pela clareza e pela possibilidade de mensuração, tanto do ponto de vista quantitativo quanto do qualitativo. Os objetivos devem tratar das habilidades exclusivas da organização, desdobrando a visão de futuro em alvos específicos.

Sugerimos que você e sua equipe construam os objetivos de forma sintética, sempre contendo um verbo que designe uma ação, somado a um ou mais substantivos e acrescidos, quando possível ou necessário, de um complemento. A elaboração deve considerar a estrutura proposta para garantir o processo de comunicação dos conceitos neles contidos. O quadro 7 apresenta alguns exemplos de objetivos financeiros e estratégicos.

Quadro 7
EXEMPLOS DE OBJETIVOS FINANCEIROS E ESTRATÉGICOS

Organizações	Objetivos estratégicos
Bristol-Myers Squibb Company	Focar globalmente negócios ligados à saúde e aos cuidados pessoais.
GE	Globalizar todas as atividades na companhia. Abraçar a internet e tornar-se um *e-business* global.
Organização	Objetivos financeiros
Motorola	Crescer 15% a. a. com fundos próprios. Obter retorno médio no investimento de acionistas de 18%.

Fonte: Adaptado de Serra, Torres e Torres (2004:97).

Considerando a natureza dos objetivos, sua definição pode ser feita de duas formas distintas: a alta administração define os objetivos, de cima para baixo (*top-down*), tendo os demais níveis hierárquicos uma postura passiva na definição e cabendo-lhes aceitá-los ou não; ou participativamente, de baixo para cima (*bottom-up*), em que os níveis hierárquicos mais baixos têm efetiva participação na definição dos objetivos. Na construção de uma gestão estratégica competitiva, busca-se atuar nos dois sentidos simultaneamente, considerando que o comprometimento do nível estratégico e a convergência dos objetivos corporativos e individuais dos níveis gerenciais e operacionais da organização são condições básicas para que esta minimize as barreiras e resistências internas no alcance dos seus objetivos.

Uma vez estabelecidos os objetivos, a equipe que contribuiu para o desenvolvimento do planejamento estratégico da organização deverá estabelecer o critério de priorização deles e as iniciativas que deverão ser implementadas.

Um critério adotado por muitas organizações é a priorização por meio dos graus de gravidade, urgência e tendência (GUT), ferramenta apresentada por Kepner e Tregoe (veja Oliveira, 1992). A ferramenta permite que o processo de gerenciamento da estratégia esteja alinhado às percepções analisadas pelo método.

Uma vez que a funcionalidade do estabelecimento dos objetivos está no desdobramento da visão e na execução da missão, e que a priorização desses objetivos visa a seu alinhamento ao processo de gestão da estratégia competitiva, o BSC, que veremos mais adiante neste livro, tem se apresentado como alternativa eficaz no processo de tradução e desdobramento da visão de futuro por meio de um conjunto específico e balanceado de objetivos financeiros e estratégicos das diversas unidades ou áreas de uma mesma organização. Ele permite que as organizações possam avaliar e obter o retorno dos diversos tipos de atividades alocadas para o cumprimento dos objetivos institucionais.

Já verificamos anteriormente que, para alcançar um desempenho superior futuro, devemos ter objetivos claros que permitam identificar e construir vantagem competitiva. Daí a importância de explicá-los.

Vimos, no capítulo 1, que existem três modos de alcançar vantagens competitivas: a diferenciação em relação aos demais competidores, a liderança em custo de maneira que os concorrentes não os consigam acompanhar e o foco, seja em diferenciação ou em baixo custo.

Contudo, além da opção por um posicionamento genérico no tocante às estratégias adotadas, as organizações devem utilizar estratégias específicas, como: alianças e parcerias; fusões, aquisições e cisões; integração da cadeia com a extensão das operações dentro do segmento de atuação, seja em direção aos seus clientes ou aos seus fornecedores.

As estratégias empresariais podem ser concebidas de diversas maneiras:

❑ *como resultado das análises por meio de ferramentas estratégicas* – as ferramentas de análise estratégica têm como resultado possível a proposição de estratégias e táticas (veja capítulo 3). O modelo de Porter propõe estratégias genéricas; o modelo de cenários inspira ações para que possamos nos adaptar ao cenário provável; o modelo Swot apresenta diversas táticas como consequências dos cruzamentos entre pontos fortes, pontos fracos, ameaças e oportunidades. Enfim, cada ferramenta pode contribuir com alternativas de ação;

❑ *como busca para viabilização dos objetivos definidos* – num processo dedutivo, uma vez estabelecido o objetivo, a organização pode definir ações que permitam que a empresa atinja seu intento. A definição qualitativa de objetivos contribui bastante com a inspiração das ações necessárias;

❑ *como derivação de necessidades específicas de áreas de conhecimento na empresa* (exemplo: marketing, recursos humanos, tecnologia da informação, logística e financeira);

❏ *como seleção de estratégias entre opções avaliadas* – em função das diretrizes estratégicas e como resultado das análises realizadas, podemos desenvolver uma visão crítica que pode ser aplicada à teoria disponível sobre estratégias genéricas.

Os meios para a definição de estratégias podem ser uma combinação das abordagens descritas. As estratégias podem ser genéricas ou específicas. Ainda guardada a característica mais ampla e qualitativa, podemos entender que determinadas estratégias não direcionam claramente as ações que serão empreendidas, por exemplo, liderança em custo, enquanto outras nos remetem claramente ao conjunto de ações a serem implementadas na integração vertical. Zaccarelli e Fishmann (1994:13-22) apresentam alguns exemplos. Veja o quadro 8.

Quadro 8
EXEMPLOS DE ESTRATÉGIAS E TÁTICAS POSSÍVEIS

Estratégia	Táticas possíveis	Tipo
Liderança em custo	Implementação de programa de controle de custos, campanha promocional voltada ao público de baixa renda, no mercado nacional ou global.	Genérica
Diferenciação	Pesquisa e desenvolvimento de novos produtos, aquisição de tecnologia inovadora no exterior, no mercado nacional ou global.	Genérica
Liderança em custo com enfoque	Implementação de programa de controle de custos, campanha promocional voltada ao público de baixa renda, com atuação regional para um nicho de mercado.	Genérica
Diferenciação com enfoque	Pesquisa e desenvolvimento de novos produtos, aquisição de tecnologia inovadora no exterior, com atuação regional para um nicho de mercado.	Genérica
Penetração	Expansão direta ou compra de concorrentes.	Genérica
Desenvolvimento de mercado	Promoção de produtos existentes por meio de novos canais (exemplo: venda de sorvetes em farmácias).	Genérica

Continua

Estratégia	Táticas possíveis	Tipo
Desenvolvimento de produto	Desenvolvimento de novas aplicações dos produtos e serviços existentes ou produtos novos para o mercado existente (exemplo: montagem de esquema de licenciamento de personagens de desenhos animados para aplicação em produtos de papelaria).	Genérica
Diferenciação de preço, suporte, qualidade ou design	Táticas específicas para a diferenciação requerida.	Específica
Não segmentação	Produção de modelo único (exemplo: Ford modelo T) para ganho de escala.	Específica
Segmentação	Desenvolvimento de produtos e serviços para públicos distintos com sinergia (exemplo: a Rede Accor tem diferentes estilos de hotéis – Sofitel, Mercure, Parthenon, Ibis e Formule 1 – para segmentos de público específicos).	Específica
Investimento na melhoria da organização	Qualidade total, redesenho de processos, ERP, inteligência competitiva, capacitação e migração de competências.	Específica
Investimento em capacidade	Aquisições, fusões, expansões etc.	Específica
Desinvestimento	Venda de ativos, parada de linha de produção, fechamento de unidades.	Específica
Integração horizontal	Formação de sindicato do setor, desenvolvimento de parcerias.	Específica
Integração vertical	Aquisição de fornecedores, fábricas de beneficiamento, distribuidores.	Específica
Concentração em um único negócio	Venda de negócios não prioritários, reorganização para focalização.	Específica
Intento: algo motivador de ampla aplicação Exemplo: Coca-Cola: "ficar ao alcance das mãos de todos os habitantes da terra".	Campanha mundial de marketing direcionado ao público jovem; segmentação de mercado para promoção, por exemplo.	Específica
Autoproteção	Constituição de um escritório lobista em Brasília, contratação de assessoria de imprensa, elaboração de projeto de lei.	Específica
Reação	Lançamento de promoção retaliadora à concorrência, divulgação de nota oficial.	Específica

Continua

Estratégia	Táticas possíveis	Tipo
Despistamento	Divulgação de megaprojeto para inibir a concorrência, contrainformação.	Específica
Acompanhamento ou adequação (para seguir a concorrência ou pressão do mercado)	Contratação de um *call center* para atendimento mais eficiente, lançamento de cartão de fidelidade sem inovação, lançamento de um programa de milhas aéreas.	Específica
Cooperação social	Lançamento de campanha social, transferência de tecnologia obsoleta para concorrentes regionais.	Específica
Diferenciação de produto/mercado	Associação temporária de produto à marca de entretenimento (exemplo: guaraná Pokemon), alteração simples na composição de sanduíche e lançamento como um novo produto.	Específica
Investimento em capacidade (temporária)	Fusão parcial com concorrente para aproveitar um nicho temporário de mercado, aluguel/compra de capacidade de produção de parceiro ou concorrente.	Específica
Evolução por monitoramento do ambiente empresarial	Lançamento de campanha temporária associando seu produto/serviço a uma necessidade contingencial do mercado, divulgação em nichos de curta duração (eventos, feiras, encontros).	Específica

Fonte: Adaptado de Zaccarelli e Fischman (1994:13-22).

A definição das estratégias

A definição das estratégias é resultado de todas as análises até aqui apresentadas. Em comércio internacional, devem-se ainda incluir as alternativas de atuação global apresentadas no capítulo anterior.

É algo que exige disciplina de todos os envolvidos com os projetos e processos relacionados com a estratégia. Haverá necessidade de reuniões para o acompanhamento das atividades e do orçamento estratégico. Os responsáveis pelos projetos deverão envolver outros participantes, mostrando a importância das ações a serem implementadas e relacionando-as com os objetivos a serem alcançados. O papel da liderança e da gestão de pessoas é fundamental para distribuir adequadamente as atividades entre as pessoas e manter a motivação elevada.

O desdobramento da estratégia com o balanced scorecard

O *balanced scorecard* (BSC) contribui para a organização no processo de gestão da estratégia ao propiciar aos diferentes níveis da empresa o alinhamento, o suporte e o controle necessários à atuação dela em um novo ambiente competitivo. Tal contribuição relaciona-se à efetivação de uma proposta de valor considerando quatro perspectivas: financeira, dos clientes, dos processos internos e do aprendizado e crescimento. Os desdobramentos das estratégias por meio das dimensões do BSC irão transformá-las em ação.

Contextualização e abordagem histórica

Segundo Serra, Torres e Torres (2004), aproximadamente 35% dos investidores consideram, em suas decisões de alocação de recursos, os objetivos financeiros e não financeiros de uma organização e sua capacidade de executar as estratégias traçadas, e cerca de 70% das empresas norte-americanas apresentavam, nos anos 1990, falhas na execução da estratégia. Moyses Filho e colaboradores (2011) afirmam que menos de 5% das empresas listadas na relação das 500 maiores e melhores da revista *Exame* conseguiram manter sua lucratividade no quartil superior quando acompanhadas em intervalo de cinco anos consecutivos. Tal observação denota o aumento da competitividade e seu impacto nos resultados das empresas.

Para que os objetivos financeiros e não financeiros sejam alcançados é preciso garantir que as estratégias desenvolvidas por meio do planejamento estratégico sejam implementadas e que o desempenho seja medido e avaliado.

De maneira histórica, os resultados das estratégias adotadas pelas organizações eram obtidos por meio de um modelo de medição de desempenho baseado no método contábil-financeiro tradicional. Dentro de determinado ambiente econômico, o modelo tradicional funciona, mas com a evolução da arena competitiva, em que as organizações passam a ser avaliadas por ativos intangíveis, como marca, excelência, capital intelectual, entre outros, o método contábil-financeiro não consegue mensurar de forma ideal tais resultados. São esses os motivos para a utilização, por grande parte das organizações, do BSC.

O balanced scorecard (BSC)

Kaplan e Norton deram início, nos anos 1990, à sua colaboração na elaboração de um sistema balanceado de mensurações, o BSC, que permitiria a avaliação de ativos tangíveis e intangíveis, com base em indicadores financeiros e não financeiros, e abordaria quatro dimensões: a financeira, a dos clientes, a dos processos internos e a do aprendizado e crescimento.

A percepção de Kaplan e Norton (2004) era de que não havia condições de se gerenciar de maneira eficaz aquilo que não se mede. Portanto, sem a melhoria do sistema de medição dos resultados estratégicos, as organizações não desenvolveriam toda a potencialidade de seus ativos intangíveis, não se apropriando devidamente das oportunidades de criação de valor.

De forma rápida, várias empresas passaram a valorizar o novo sistema de medição de desempenho. Os executivos da alta administração das organizações buscavam no BSC a solução para um problema que os afligia: como implementar novas estratégias? O tema era de tamanha importância porque esses executivos verificavam que a natureza de criação de valor de suas empresas estava se deslocando dos ativos tangíveis para ativos intangíveis, gerando mudanças radicais no ambiente competitivo. Organizações que competiam baseadas nos recursos de produção e nos produtos oriundos desse processo se viam às voltas com situações em que o sucesso dependia do conhecimento das características e expectativas dos consumidores e do esforço em lhes entregar uma proposta específica de valor. Empresas de todo tipo viam o BSC como uma ferramenta capaz de ajudá-las.

Diante do desafio de implementar estratégias que permitissem às organizações manter o rumo em direção ao sucesso, os executivos, como dissemos, buscavam no BSC uma ferramenta capaz de auxiliá-los nessa missão. De acordo com Kaplan e Norton (2004), quando os executivos que adotaram o BSC em suas organizações eram indagados sobre o papel da ferramenta nos resultados, eram unânimes em responder: alinhamento e foco.

Em nosso entendimento, o BSC cria condições para que os recursos organizacionais – das unidades estratégicas de negócios e unidades de apoio – sejam alinhados e que, com isso, encontrem o foco necessário para a implementação das estratégias. Isso é particularmente importante em organizações que enfrentam as complexidades da atuação em comércio internacional, alinhando suas estratégias globais com a atuação local em mercados regionais.

O BSC define-se como um modelo de medição de desempenho e de gestão estratégica que desdobra as estratégias de forma balanceada por meio de objetivos dispostos em quatro perspectivas. Tais objetivos, segundo Kaplan e Norton (2000), serão medidos por meio de indicadores financeiros e não financeiros. Ainda de acordo com os autores, as empresas, ao adotar uma orientação à estratégia e seus resultados, seguiram cinco princípios básicos em busca do sucesso:

- traduzir a estratégia em termos operacionais;
- alinhar a organização à estratégia;
- transformar a estratégia em tarefa de todos;
- converter a estratégia em processo contínuo;
- mobilizar a mudança por meio da liderança executiva.

O balanceamento proposto por Kaplan e Norton (2000) no desenvolvimento da ferramenta encontra-se no equilíbrio entre os objetivos estratégicos e seus indicadores dentro das quatro perspectivas. Os indicadores impulsionam e proporcionam às organizações, de forma ampla, a visão do desempenho atual e futuro do negócio ao descrever as estratégias que criam valor. Entre os elementos importantes para esse fim, podemos destacar:

- o desempenho financeiro, que constitui um indicador de resultado. É considerado critério básico para o sucesso da organização. Nesse caso, as estratégias devem descrever como a empresa pretende promover resultados sustentáveis para os acionistas;
- o resultado com os clientes, que tem papel preponderante no desempenho financeiro, medido por meio de indicadores de resultado, como satisfação, crescimento e fidelização da base de clientes. Neste caso, as estratégias devem abordar a proposição de valor para os clientes.

Para cumprir a proposição de valor para os clientes, deve-se buscar a excelência nos processos internos, que devem ser medidos por meio de indicadores de tendência das melhorias que impactarão, junto com os clientes, os resultados financeiros da organização. Neste caso, as estratégias devem evidenciar as melhorias nos processos críticos de sucesso.

A criação de valor sustentável para os clientes encontra sua fonte definitiva nos ativos intangíveis, como conhecimento, clima organizacional e tecnologia, que se combinam para dar suporte às estratégias de melhorias. Nesse caso as estratégias que evidenciam melhorias no aprendizado e crescimento serão medidas por indicadores de tendências relativas aos processos internos, aos clientes e aos resultados financeiros. A figura 14 mostra o BSC como um sistema integrado de medição de desempenho e gestão da estratégia por meio de suas perspectivas.

Figura 14
AS QUATRO PERSPECTIVAS DO BALANCED SCORECARD

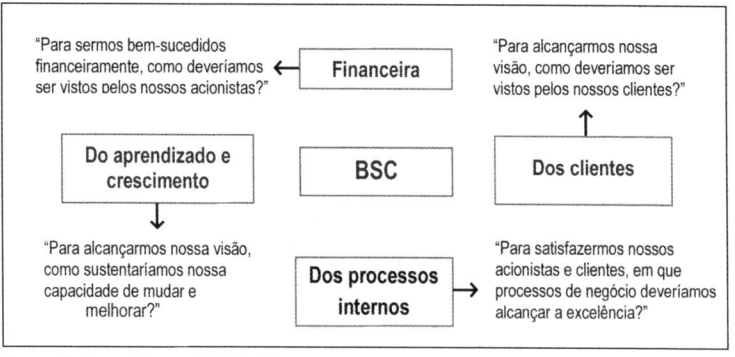

"Para sermos bem-sucedidos financeiramente, como deveríamos ser vistos pelos nossos acionistas?" ← **Financeira**

"Para alcançarmos nossa visão, como deveríamos ser vistos pelos nossos clientes?"

Do aprendizado e crescimento

BSC

Dos clientes

"Para alcançarmos nossa visão, como sustentaríamos nossa capacidade de mudar e melhorar?"

Dos processos internos → "Para satisfazermos nossos acionistas e clientes, em que processos de negócio deveríamos alcançar a excelência?"

Fonte: Kaplan e Norton (1997:10).

O apoio nos processos de desdobramento e gestão estratégica oferecido pelo BSC será dado pelo uso complementar de indicadores financeiros e operacionais, fato esse que facilitará a operacionalização das estratégicas e a tradução da visão organizadas em suas quatro perspectivas. Ao mensurar o desempenho de curto prazo pela ótica financeira, o *balanced scorecard* determina o equilíbrio entre os impulsionadores de valor de curtos e longos prazos ao adicionar as outras três perspectivas, de forma equilibrada.

Segundo Kaplan e Norton (1997), o desdobramento das estratégias por meio das quatro perspectivas relacionadas à metodologia irá abranger a grande maioria das organizações, mas não há nenhum argumento contrário à adoção de outra perspectiva relacionada com resultados que gerem vantagem competitiva às empresas (Moyses Filho e colaboradores, 2011).

Veja, a seguir, as quatro perspectivas do BSC.

Perspectiva financeira

Os objetivos e as medidas dessa perspectiva desdobram-se do geral para o particular, de cima para baixo (*top-down*). Segundo Kaplan e Norton (2000), começam com a estratégia financeira de alto nível, que se refere ao crescimento, rentabilidade e valor para os acionistas, sendo esta última o resultado esperado por toda a estratégia. Observa-se que as empresas escolhem um objetivo "dominante" como indicador de seu sucesso de longo prazo. Desse modo, os objetivos estão ligados com a rentabilidade, que pode ser medida, por exemplo, pelo lucro da operação e pelo retorno sobre o capital investido.

De forma simples, as estratégias financeiras compreendem a lógica de que as empresas aumentam seus resultados vendendo mais e gastando menos. Dessa forma, as empresas terão à disposição duas estratégias básicas para promover o resultado de longo prazo para os acionistas: estratégia de crescimento e estratégia de produtividade, conforme apresenta a figura 15.

A estratégia de crescimento da receita será promovida pelas empresas por meio do crescimento lucrativo de suas receitas baseado na apropriação de novas fontes provenientes de novos produtos, novos mercados, novos clientes e parcerias. Outra forma de promover a estratégia de crescimento é o aumento dos resultados obtidos com os clientes existentes, melhorando assim a rentabilidade da carteira.

Figura 15
AS DIMENSÕES DA PERSPECTIVA FINANCEIRA

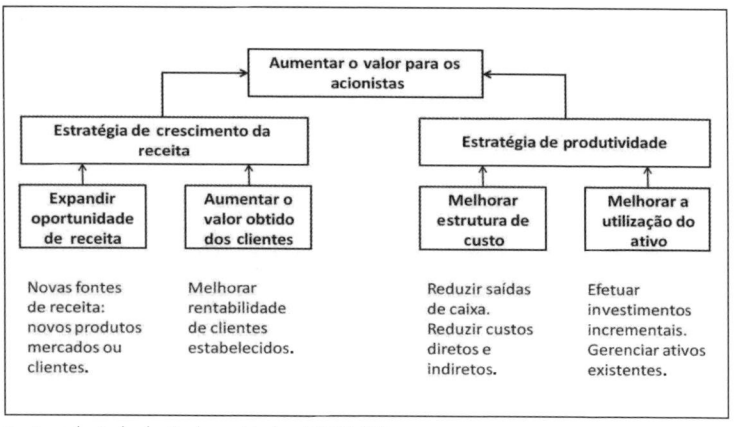

	Aumentar o valor para os acionistas		
Estratégia de crescimento da receita		**Estratégia de produtividade**	
Expandir oportunidade de receita	Aumentar o valor obtido dos clientes	Melhorar estrutura de custo	Melhorar a utilização do ativo
Novas fontes de receita: novos produtos mercados ou clientes.	Melhorar rentabilidade de clientes estabelecidos.	Reduzir saídas de caixa. Reduzir custos diretos e indiretos.	Efetuar investimentos incrementais. Gerenciar ativos existentes.

Fonte: Adaptada de Kaplan e Norton (2000:97).

A segunda dimensão da perspectiva financeira trata da execução eficiente das atividades operacionais, e também ocorre de duas maneiras: melhoria da estrutura de custos por meio da redução das despesas, diretas e indiretas, e do compartilhamento de recursos corporativos comuns com outras unidades estratégicas de negócio. De outra maneira, a melhoria na utilização dos ativos físicos e financeiros necessários à manutenção do nível operacional diminui a necessidade de capital financeiro, imobilizado e circulante, permitindo que os investimentos incrementais possam maximizar a produtividade.

Para obter o melhor resultado financeiro e criar valor, seja qual for a medida adotada, esta deve conciliar tanto a dimensão de longo prazo (crescimento da receita) quanto de curto prazo (a produtividade). O equilíbrio entre as duas dimensões serve de meta principal e estabelecerá a estrutura para os objetivos e medidas das demais perspectivas.

Perspectiva dos clientes

Os objetivos e medidas da segunda perspectiva do BSC exigem a definição do segmento de mercado em que a organização deseja atuar, de maneira que seja construída uma proposta de valor específica, que descreva como a empresa criará valor diferenciado para os clientes-alvo, com a intenção de obter maior crescimento e lucratividade. Essas medidas guardam a relação de causa e efeito com os componentes da estratégia de crescimento da receita relacionados ao resultado financeiro.

A perspectiva dos clientes inclui medidas específicas que possibilitam o acompanhamento dos resultados na formulação e implementação das estratégias. Conforme as observações de Kaplan e Norton (1997), as empresas definem dois conjuntos de medidas para a perspectiva dos clientes. O conjunto inicial é formado por medidas essenciais, a princípio genéricas a todas as organizações, mas que devem ser desenvolvidas para grupos específicos de clientes com os quais a empresa pretende maximizar sua lucratividade. Tais medidas orientadas para os clientes resguardam, entre si, uma relação de causa e efeito, e podem ser agrupadas em uma cadeia formal, como demonstrado na figura16.

Figura 16
MEDIDAS ESSENCIAIS DA PERSPECTIVA DOS CLIENTES

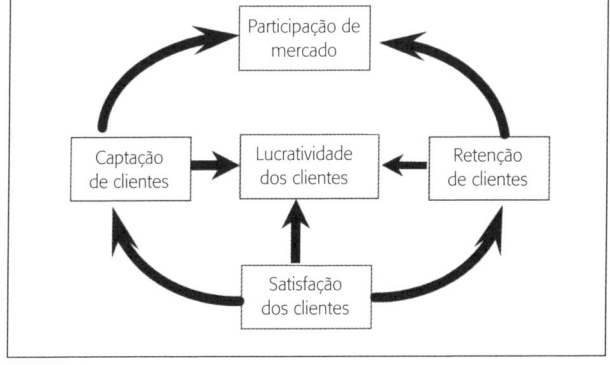

Fonte: Kaplan e Norton (1997:72).

A busca da satisfação da clientela geralmente conduz à retenção dos clientes existentes e, por meio da propagação, leva à conquista de novos consumidores. A retenção somada à captação de novos clientes pode levar ao aumento da participação de mercado. Aliado a isso, temos o fato de que a retenção dos clientes existentes aumenta a rentabilidade do negócio, pois o custo de manutenção da base de consumidores tende a ser menor que o custo da conquista ou da reposição destes.

Os indicadores das medidas essenciais podem ser definidos da seguinte forma:

- participação de mercado é a razão dos resultados da organização em referência ao mercado. Pode ser considerada por meio das vendas, em moeda, número de clientes e quantidade vendida;
- retenção de clientes é medida em termos da quantidade de clientes que compraram e retornaram;
- a captação de clientes é medida pelo volume comercializado para novos clientes;
- a satisfação dos clientes mensura o nível de atendimento das expectativas dos consumidores. Do total de clientes, quantos reclamaram?
- a lucratividade dos clientes avalia o esforço na definição do cliente-alvo e na manutenção do negócio orientado a clientes. Esse é o cliente que queremos? Quais são os clientes-chave?

O segundo conjunto de medidas deve conter os impulsionadores dos resultados em relação aos clientes locais e globais.

Podemos fazer algumas perguntas, como: a empresa poderá projetar, produzir e oferecer seus serviços e produtos de maneira diferente, melhor ou exclusiva, comparada com os concorrentes? Qual a proposição de valor que queremos apresentar para atrair clientes?

A perspectiva dos processos internos

A proposição de valor elaborada por meio dos objetivos da perspectiva do cliente e a forma como esses objetivos se convertem em resultados financeiros de crescimento de receita e retorno para os acionistas são fundamentos básicos para a maximização do desempenho da estratégia. Contudo, tais medidas devem ser apoiadas nos processos internos em que a empresa deve buscar a excelência. A estratégia não deve apenas especificar os resultados esperados, mas também descrever a forma correta de alcançá-los.

A perspectiva dos processos internos do BSC destaca objetivos e medidas que ainda não estejam sendo usados, embora sejam considerados críticos para o sucesso da estratégia. A incorporação de processos de inovação aos objetivos e medidas é justificada na medida em que os sistemas tradicionais de mensuração de desempenho buscam controlar e otimizar as operações existentes, que, para Kaplan e Norton (1997), representam uma onda curta de criação de valor, que se inicia com o recebimento do pedido de um cliente existente e é concluída com a entrega do produto ou do serviço.

As medidas de desempenho de processos podem apontar a necessidade de criação de produtos e serviços inovadores com capacidade de atender a necessidades emergentes dos clientes atuais e futuros. Cabe aos objetivos da dimensão dos processos internos produzir e fornecer a proposição de valor para os clientes, melhorar os processos e reduzir custos para as estratégias de produtividade da perspectiva financeira.

Esse modelo inclui três processos principais: processos de inovação, processos de gestão de operações e processos de serviço e pós-venda. Somados aos processos principais da cadeia genérica de criação de valor, temos os processos regulatórios e sociais. Cada um dos processos principais tem suas características estratégicas discriminadas no quadro 9.

Quadro 9
PERSPECTIVA DE PROCESSOS INTERNOS

	Intenção estratégica	Medidas
Processos de inovação	Processos que criam novos produtos e serviços.	Identificação de oportunidades Portfólio de P&D Projeto/desenvolvimento Lançamento
Processos de gestão operacional	Processos que produzem e fornecem produtos e serviços.	Abastecimento Produção Distribuição Gestão do risco
Processos de gestão e serviço aos clientes	Processos que aumentam o valor para os clientes.	Garantias Relacionamento Processamento de pagamentos
Processos regulatórios e sociais	Processos que melhoram as comunidades e o meio ambiente.	Meio ambiente Segurança e saúde Emprego

Fonte: Adaptado de Kaplan e Norton (2004:47).

Perspectiva do aprendizado e do crescimento

A quarta perspectiva do BSC irá descrever o papel dos ativos intangíveis na estratégia das organizações. Os objetivos definidos nas perspectivas financeira, dos clientes e dos processos internos destacam o que a empresa deve fazer para alcançar um desempenho excepcional, contudo os objetivos de aprendizado e crescimento definem os ativos intangíveis necessários para o melhor desempenho organizacional e do relacionamento com os clientes.

Ao estabelecerem as estratégias de aprendizado e crescimento após as três perspectivas anteriores, você e sua equipe terão condições de alinhar os objetivos referentes aos recursos humanos, recursos tecnológicos e clima organizacional com os processos internos, com a proposição de valor para o cliente e os resultados para os acionistas.

Observamos que as organizações, em sua grande maioria, embora tentem desenvolver seus empregados, tecnologia e cultura, não alinham esses ativos intangíveis com as estratégias estabelecidas. O segredo para promover o alinhamento é ir além das generalidades e concentrar seus esforços no desenvolvimento de capacidades específicas e atributos essenciais para a execução dos processos críticos de sucesso das estratégias. A estrutura dos objetivos e medidas da perspectiva do aprendizado e crescimento é apresentada pela figura 17.

Figura 17
A ESTRUTURA DE MEDIÇÃO DO APRENDIZADO E CRESCIMENTO

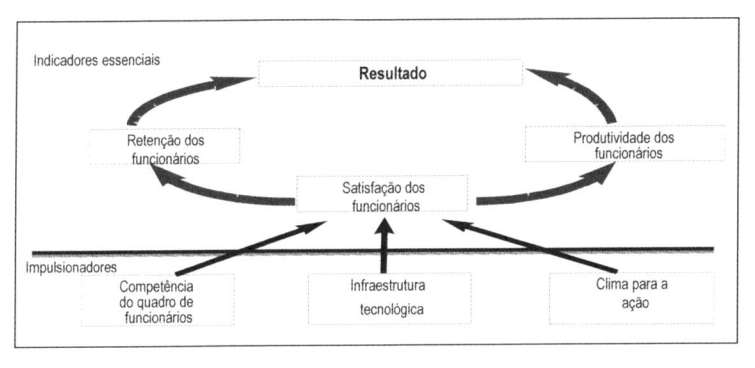

Indicadores essenciais: Resultado, Retenção dos funcionários, Produtividade dos funcionários, Satisfação dos funcionários.

Impulsionadores: Competência do quadro de funcionários, Infraestrutura tecnológica, Clima para a ação.

Fonte: Kaplan e Norton (1997:135).

A estrutura revela duas dimensões na concepção dos objetivos da perspectiva. O alinhamento dos ativos intangíveis relativos ao capital humano, capital tecnológico e capital organizacional, que funcionam como impulsionadores dos resultados excepcionais das outras três perspectivas. O ânimo e a satisfação dos funcionários constituem medidas essenciais para esse resultado. Entendemos que um funcionário satisfeito pode melhorar a produtividade, a capacidade de resposta e a qualidade dos serviços. De igual forma, a satisfação dos empregados tende a contribuir para a diminuição da rotatividade dos funcionários, permitindo às organizações a retenção de capital intelectual, preservação da cultura e a diminuição dos custos que impactam os resultados financeiros.

O mapa estratégico

Após termos concluído, de forma sistemática, a elaboração dos objetivos das quatro perspectivas do BSC a fim de determinar estratégias que possam garantir o melhor resultado para as organizações, vamos discorrer sobre a elaboração do mapa estratégico. Entendemos como mapa estratégico a representação visual da estratégia, mostrando em um único quadro como os objetivos das quatro perspectivas se alinham e interagem para descrevê-la. A figura 18 apresenta o processo estratégico definido como o mapa que destaca os objetivos estratégicos prioritários para cada uma das perspectivas. Cada empresa irá adaptar o mapa estratégico ao seu conjunto de objetivos de forma específica e individualizada.

Observamos que o mapa estratégico apresenta relações de causa e efeito entre os objetivos das quatro perspectivas. Tais relações causais apontam os caminhos pelos quais as melhorias propostas e o alinhamento dos ativos intangíveis se traduz em resultados tangíveis na proposição e entrega de valor aos clientes e na rentabilidade para os acionistas apurada pelos resultados financeiros.

Figura 18
MAPA ESTRATÉGICO GENÉRICO

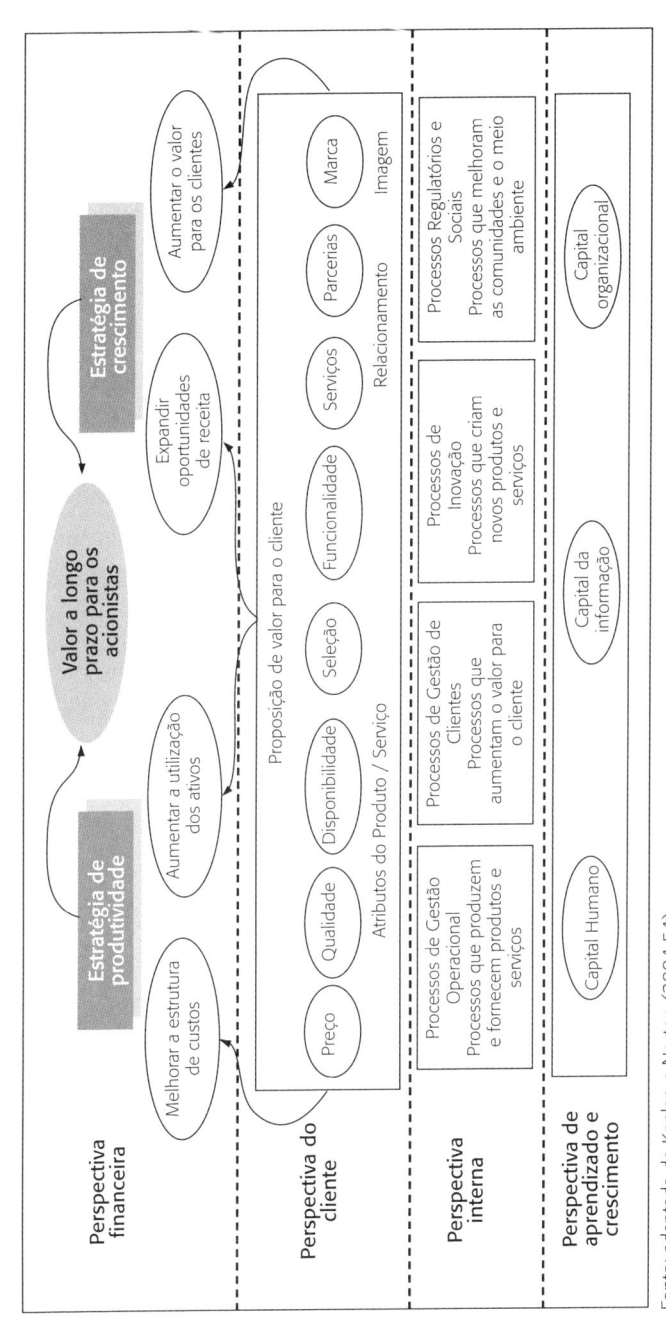

Fonte: adaptada de Kaplan e Norton (2004:54).

O painel estratégico

O BSC pode ser caracterizado por um sistema de mensuração de desempenho e gestão da estratégia que traduz os objetivos do mapa estratégico, organizado em quatro perspectivas, em indicadores, metas/alvos e iniciativas ou projetos. Contudo, os objetivos e metas não serão alcançados apenas pelo fato de terem sido identificados e alinhados; a organização deve prover recursos que fomentem um conjunto de iniciativas/projetos estruturadores que criarão o ambiente necessário para tal.

O processo de gestão das estratégias é realizado pelo acompanhamento dos indicadores estratégicos, que assim passam a ser considerados elementos essenciais para o alinhamento da organização à estratégia definida. O painel estratégico descreve os indicadores, as metas, os alvos e as iniciativas. Para Kaplan e Norton (1997), o painel estratégico e as medidas nele contidas contribuem para a articulação da estratégia da empresa, para comunicá-la e para ajudar a alinhar as iniciativas individuais e institucionais. A finalidade é alcançar uma meta, um alvo e complementar as medidas do resultado financeiro de curto prazo com vetores de impulsão do desempenho de longo prazo e fornecer a estrutura necessária para traduzir a estratégia em termos operacionais. Dessa forma, a construção dos painéis estratégicos considera o uso de um quadro que contenha objetivos, indicadores, alvos e iniciativas. A figura 19 apresenta as definições da estrutura do painel estratégico e um exemplo para uma dada perspectiva.

Figura 19
DEFINIÇÕES DA ESTRUTURA DO PAINEL ESTRATÉGICO

	Objetivos estratégicos	Indicadores	Alvos	Iniciativas
Definição	São derivados da estratégia e definem o que a organização deseja alcançar.	Sinalizam o desempenho da organização para cada um dos objetivos apresentados na coluna anterior (um objetivo pode estar associado a mais de um indicador).	São as metas dos objetivos com base nos indicadores definidos na coluna anterior (determinam o nível de desempenho esperado em cada indicador).	Projetos ou ações propostas que contribuam para o alcance dos objetivos.
	Perspectiva dos clientes externos			
Exemplo	Satisfação dos clientes	Total de clientes satisfeitos / total de clientes pesquisados Obs.: Total de clientes satisfeitos = avaliação superior a 9,0	85% (até o final do primeiro ano) 90% (até o final do segundo ano) 93% (até o final do terceiro ano)	Ampliar os canais de atendimento ao cliente. Reduzir o tempo de entrega. Obs.: A realização de pesquisas satisfação, por exemplo, não contribui para o alcance da meta.

Fonte: Lobato e colaboradores (2010:143).

Indicadores

Indicadores estão presentes na vida das pessoas, dia a dia, com uma grande frequência. Eles aparecem quando verificamos a temperatura ambiente, quando aferimos a velocidade em que estamos trafegando nas estradas, o consumo de combustível dos nossos carros, o volume de água consumida em nossas casas.

Destacamos que os indicadores, no contexto do BSC, têm o objetivo de descrever, ou seja, caracterizar os resultados, informar sinteticamente e analisar os resultados obtidos.

Devemos compreender que, por mais simples que possa ser, qualquer indicador necessita estar atrelado a um processo para que o responsável pela aferição possa medi-lo.

Empresas capitalistas, orientadas ao lucro, têm o sucesso de suas estratégias indicado por seu resultado financeiro. Contudo, o resultado financeiro mede um fato ocorrido, ou seja, mede o passado. Por essa ótica, podemos classificar os indicadores de duas formas:

- ❏ *outcomes* – indicadores de ocorrência, também chamados de *lagging indicators*. São indicadores de resultado;
- ❏ *drivers* – indicadores de tendência, também chamados de *leading indicators*. São indicadores de desempenho.

Você, leitor, pode nos indagar quando usar um ou outro indicador. Veja o exemplo de uma empresa de serviços em comércio exterior que estabeleceu como objetivo a melhoria dos níveis de atendimento, tendo como medida de resultado (*outcome*) o índice de satisfação de seus clientes. Por meio de sua unidade de recursos humanos, estabeleceu no orçamento corporativo um montante de recursos a ser gasto em ações de treinamento, por funcionário, como um direcionador do desempenho esperado (*driver*).

O uso de indicadores de desempenho permite às empresas a avaliação, qualitativa e quantitativa, do desempenho das estratégias organizacionais, por meio do cumprimento de seus objetivos ao longo do tempo. É importante destacar que os indicadores estão relacionados, ainda, ao conceito de eficiência, este relacionado ao melhor uso dos recursos para alcançar os objetivos, e ao conceito de eficácia, relacionado ao nível de cumprimento dos objetivos previstos. Destaca-se também a capacidade que um indicador tem de ser continuado de forma a manter ou melhorar seus resultados, relacionando-se ao conceito de efetividade.

A construção dos indicadores de desempenho deve partir das demandas encontradas nos alvos (metas) que foram traçados durante a fase de planejamento da organização e que servirão para fornecer informações importantes sobre o seu desempenho.

Entendemos que, para o processo de avaliação de desempenho estratégico de uma organização, os indicadores que serão utilizados deverão possuir características essenciais e assim compor o rol de indicadores selecionados para formar o sistema de medição. Entre as características apontadas como fundamentais, os indicadores devem ter utilidade, mensurabilidade, representatividade, simplicidade e baixo custo de obtenção. Destacam-se, ainda, a estabilidade, disponibilidade, rastreabilidade, amplitude e seletividade.

Compreendemos que existem outros aspectos de igual importância que devem ser observados na seleção dos indicadores, entre eles o fato de que o indicador escolhido deve enfatizar adequadamente a questão estratégica, esforçando-se para comunicá-la e para contribuir no estabelecimento de metas desafiadoras para melhorias no longo prazo.

Ressaltamos, por fim, que as relações de causa e efeito estabelecidas entre os indicadores estratégicos e os objetivos estratégicos devem obedecer, de forma coerente, à mesma lógica que sustenta as relações causais existentes no mapa estratégico.

O quadro 10 demonstra o detalhamento para a construção dos indicadores de desempenho estratégico.

Quadro 10
DETALHAMENTO DOS INDICADORES

Definição	Intenção do indicador: o que se pretende medir?
Fórmula de cálculo	Variáveis e suas relações
Unidade de medida	%, R$, entre outros
Critério de acompanhamento	Dado do período, acumulado do ano, entre outros
Periodicidade	Anual, mensal, semestral
Responsável por tornar o indicador disponível	Área que irá apurar o dado
Status do indicador	Disponível ou indisponível

Fonte: Lobato e colaboradores (2012:191).

O plano de ação

Os recursos para a operacionalização e o desdobramento do BSC são fornecidos pelo plano de ação estratégico, que se apresenta como elemento determinante não somente no processo de desdobramento, mas na organização e execução das estratégias estabelecidas pela organização.

A elaboração do plano de ação estratégico implica aspectos técnicos, administrativos e pedagógicos, construindo o balanceamento, os resultados individuais e as obrigações coletivas.

No desdobramento das estratégias, o plano de ação estratégico é composto pelas iniciativas. As iniciativas apontam como os resultados das medidas dos objetivos devem ser alcançados, destacando os responsáveis pela execução, o cronograma e os recursos necessários para implementação.

A operacionalização do plano de ação utiliza formulários nos quais os elementos destacados acima são organizados de maneira clara para orientar as diversas ações que serão implantadas. Para garantir a identificação rápida dos componentes do plano de ação estratégico, pode-se usar a ferramenta 5W2H.

No quadro 11, apresentamos o modelo de formulário de um plano de ação.

Quadro 11
O PLANO DE AÇÃO

O que	Onde	Prazo		Motivo	Responsável	Como	Quanto custará
		When					How
What	Where	Início	Término	Why	Who	How	much

A adoção do plano de ação visa apoiar as decisões, possibilitando que seja feito o acompanhamento da evolução dos resultados na gestão estratégica. Tal ferramenta descreve como colocar em ação o BSC e as estratégias estabelecidas. O processo de construção deve indicar as mudanças, os desafios e novos procedimentos para o alinhamento institucional com as estratégias que a organização pretende adotar.

Neste capítulo, abordamos a elaboração do BSC, por meio do entendimento dos objetivos e medidas que compõem suas quatro perspectivas, o desenvolvimento do mapa estratégico e a construção do painel estratégico com indicadores, alvo e iniciativa. Por fim, para maior entendimento dos objetivos estratégicos, apresentamos os principais aspectos que conduzem à estruturação do plano de ação estratégico da organização. Vale destacar que o BSC traz ferramentas de aplicação ampla, que podem ser usadas por organizações que enfrentam grandes desafios na integração de suas áreas e atividades. Por ser essa situação bastante comum em empresas que atuam no comércio internacional, os autores reconhecem a importância do BSC e recomendam sua utilização.

Veja, agora, a parte 5 do caso da empresa Forest.

O caso da empresa Forest – parte 5

Os dois últimos encontros, o quarto e o quinto, foram os mais aguardados pelos participantes. Todos haviam recebido por e-mail a consolidação das discussões anteriores e o plano de ação que estava sendo gerado a partir das considerações feitas.

As conclusões oriundas das análises feitas geraram impacto. Sem evidências completas de sustentabilidade, com processos fracos e com visão de mercado interno, a empresa poderia dar chance ao surgimento de concorrentes e tornar-se irrelevante no mercado.

Marcos foi mais uma vez preciso em sua análise:

— Acredito que seja um momento adequado para revisitarmos nossa definição de negócio essencial. "Produtos naturais para revestimento" é uma definição muito presa ao perfil fornecedor. Na verdade, ficou claro que os clientes querem nossos produtos como forma de se apresentar como sustentáveis perante a exigência de seus clientes. Acredito que aí esteja nossa oportunidade. Se passarmos a nos ver como "provedores de evidências de sustentabilidade", nossa visão será ampliada e poderemos buscar gerar valor ao nosso produto, aumentando nossas margens. Isso implica mudanças por toda a nossa cadeia de valor.

Houve convergência de todos em torno dessa atualização.

Os participantes do planejamento estratégico da Forest percebiam a necessidade de instrumentos para a operacionalização da estratégia. Felipe apresentou os conceitos de BSC. Foi realizada a discussão sobre objetivos segundo perspectivas do *balanced scorecard*. Como objetivos, obtiveram-se:

- *perspectiva financeira*: rentabilidade e liquidez;
- *perspectiva de mercado*: atuação internacional e reconhecimento;
- *perspectiva de processos internos*: qualidade e eficiência;
- *perspectiva de aprendizado e desenvolvimento*: competências e ambiente interno.

O *balanced scorecard* foi construído e a visão de prioridades foi clarificada. Novos indicadores foram propostos, tais como índice de receitas por investimento em marketing por mercado por período e percentual de defasagem de competências (*gap*) de empregados por período.

— São 10 horas da manhã, posso entrar? — perguntou Otávio.

— Sempre chegando no horário, Otávio. Claro, entre e feche a porta, por favor — responde Elizabeth.

— Bem, deu tudo certo. Espero que minha resistência nas reuniões tenha sido útil para o resultado positivo do trabalho, Elizabeth.

— Otávio, você foi perfeito! Fico feliz que você tenha se disposto a me auxiliar neste processo. Eu precisava testar Felipe na condução de um processo importante como este e não podia deixar as discussões sem colocar uma pimenta...

Otávio perguntou:

— E então, posso me aposentar agora? Acho que o Felipe passou no teste e poderá ficar no meu lugar. A competência dele em produção já era reconhecida, mas ele precisava provar que pensa estrategicamente.

— Claro, Otávio. Vou providenciar tudo. E agora vejo que Marcos poderá, inclusive, me substituir quando eu for para o conselho que estou formando. Cristina poderá perfeitamente conduzir os futuros processos estratégicos, mesmo com o investimento que estamos fazendo na área dela. Na verdade, ela passará a ser *controller* da organização, com o viés estratégico, fazendo inteligência competitiva no mercado internacional. Ela e Marcos farão uma ótima parceria. Vamos manter este alinhamento sempre atualizado.

Três anos depois, Elizabeth, Felipe, Marcos, Cristina e Otávio se encontraram na festa de casamento de Eduarda, filha de Cristina. Como não poderia deixar de ser, o grupo acabou falando de trabalho.

— Lembram do que acertamos há três anos naquele planejamento estratégico? — pergunta Marcos, o novo presidente da Forest. — Pois bem, eu diria que 70% de tudo o que discutimos efetivamente aconteceu. Mas mesmo os 30% que não se configuraram na forma de cenários e de ações implementadas referem-se a aspectos que mudaram nas condições do mercado.

— É, Marcos, se não fosse isso a controladoria não saberia bem o que acompanhar externa e internamente. Eu acredito que, com a continuidade do esforço estratégico, o que modificamos no nosso entendimento e nas ações foi para melhor do que prevíamos. — Cristina estava em uma posição privilegiada para dizer isto. Afinal, todos os números passam por ela.

— Pois eu quero falar uma frase lapidar: Quem sabe para onde vai, sempre entende como os ventos podem ser úteis — filosofou Felipe.

— Nós brindamos a isto! — todos dizem.

Conclusão

Chegando ao final da leitura deste livro, você deve fazer um balanço de tudo que foi apresentado e refletir o quanto pode melhorar o desempenho de sua vida profissional aplicando os conceitos aqui mencionados. Apresentando as escolas, destacamos a parte teórica relevante: negócio, visão, missão, valores e análise dos ambientes interno e externo. Ao praticar, não se esqueça de analisar o resultado e perguntar: O que estou aprendendo com esta experiência? Até que ponto preciso fazer alterações nessas ferramentas, criar ou reinterpretar os conceitos, adaptar os modelos às novas situações? Veja, você está chegando à verdadeira essência da teoria e da prática da gestão estratégica: estar sempre criando e recriando o mundo, buscando novos desafios.

O campo da estratégia abrange diferentes conceitos, ferramentas e formas de pensar. Vimos, também, que todos esses elementos são complementares, devendo assim ser utilizados para que consigamos ter uma visão mais completa dessa área de conhecimento, que não é exata nem simples, mas bastante complexa e repleta de nuances.

A aplicação da estratégia ao comércio exterior apresenta ainda mais complexidades por estarmos lidando com maiores graus de incerteza ambientais e necessidades específicas internas à empresa. Por isso, gerar objetivos utilizando as ferramentas deste livro poderá ajudá-lo a trilhar um caminho para o sucesso ao permitir que as utilize para crescer de forma organizada, sustentável e com melhores resultados.

Após as etapas de geração de ideias e análises, o outro importante elo do processo é a implementação, mensuração de resultados e eventuais correções de rumo. Nisso, a utilização do BSC poderá ajudá-lo.

Esperamos que todos os elementos apresentados neste livro contribuam para que você lide melhor com todos esses passos do planejamento estratégico aplicados ao comércio exterior.

Referências

AAKER, David A. *Administração estratégica de mercado*. Porto Alegre: Bookman, 2001.

AFUAH, Allan. *Strategic Innovation*. Nova York: Routledge, 2009.

ANSOFF, Igor H. *A nova estratégia empresarial*. São Paulo: Atlas, 1997.

BARKER, Joel. *The Power of Vision*. Burnsville, MN: Charthouse International Learning Corporation, 1990. Vídeo.

_____. *A visão do futuro*. Direção: Ray Christensen e John Christensen. Produção: Brad Neal. São Paulo: Siamar, 1991. 1 cassete VHS/NTSC (30 min), son., color. Publicado por Charthouse Learning Corporation.

_____. *Paradigms*: The Business of Discovering the Future. Nova York: Harper Business, 1993.

BARNEY, Jay B.; HESTERLY, William S. *Administração estratégica e vantagem competitiva*. São Paulo: Pearson, 2007.

DE PALMA, Donald. *Business without Borders*. Nova York: John Wiley & Sons, 2002.

GHEMAWAT, Pankaj. *Mundo 3.0*. Porto Alegre: Bookman, 2012.

JOHNSON, Gerry; SCHOLES, Kevan; WHITTINGTON, Richard. *Fundamentos de estratégia*. Porto Alegre: Bookman, 2011.

KAPLAN, Robert S. (ed.). *Measures for Manufacturing Excellence*. Boston: Harvard Business School Press, 1990.

_____; NORTON, David P. *Putting the Balanced Scorecard to Work*. Boston: Harvard Business School, 1993.

_____; _____. *Using the Balanced Scorecard as Strategic Management system*. Boston: Harvard Business School Press, jan./fev. 1996.

_____; _____. *A estratégia em ação*: balanced scorecard. 4. ed. Rio de Janeiro: Campus, 1997.

_____; _____. *Organização orientada para a estratégia*: como as empresas que adotam o balanced scorecard prosperam no novo ambiente de negócios. Rio de Janeiro: Campus, 2000.

_____; _____. *Mapas estratégicos*. Rio de Janeiro: Campus, 2004.

_____; _____. *Alinhamento*. Rio de Janeiro: Campus, 2006.

_____; _____. *A execução premium*: a obtenção de vantagem competitiva por meio do vínculo da estratégia com as operações do negócio. Rio de Janeiro: Elsevier, 2008.

KERZNER, Harold. *Gestão de projetos*: as melhores práticas. 2. ed. Porto Alegre: Bookman, 2006.

KOTLER, Philip; KELLER, Kevin L. *Administração de marketing*. São Paulo: Pearson, 2007.

KUHN, Thomas. *A estrutura das revoluções científicas*. São Paulo: Perspectiva, 1975.

LOBATO, David Menezes et al. *Estratégia de empresas*. 9. ed. Rio de Janeiro: FGV, 2010.

_____ et al. *Gestão estratégica*. Rio de Janeiro: FGV, 2012.

MARCIAL, Elaine C. *Cenários prospectivos*: como construir um futuro melhor. Rio de Janeiro: FGV, 2002.

MCDONALD, Malcolm H. B. *Planos de marketing*: como preparar, como usar. Rio de Janeiro: Campus, 2008.

MINTZBERG, Henry. The Rise and Fall of Strategic Planning. *Harvard Business Review*, p. 107-114, jan.-fev. 1994.

_____. *O processo da estratégia*. Porto Alegre: Bookman, 2001.

_____; AHLSTRAND, Bruce; LAMPEL, Joseph. *Safári de estratégia*. Porto Alegre: Bookman, 2000.

_____ et al. *O processo da estratégia*. Porto Alegre: Bookman, 2006.

MONTGOMERY, Cinthia A.; PORTER, Michel E. *Estratégia*. Rio de Janeiro: Campus, 1998.

MOYSES FILHO, Jamil et al. *Planejamento e gestão estratégica em organizações de saúde*. Rio de Janeiro: FGV, 2011.

OLIVEIRA, Djalma de Pinho Rebouças de. *Planejamento estratégico*: conceitos, metodologia e práticas. São Paulo: Atlas, 1992.

ONKVIST, Sak; SHAW, John J. *International Marketing*. Nova York: Routledge Taylor & Francis e-Library, 2007.

PORTER, Michael. *Estratégia competitiva*: técnicas para análise de indústrias e da concorrência. Rio de Janeiro: Campus, 1980.

_____. *Vantagem competitiva*: criando e sustentando um desempenho superior. Rio de Janeiro: Campus, 1985.

_____. Strategy and the Internet. *Harvard Business Review*, p. 63-78, mar.-abr. 2001.

PRAHALAD, C. K.; HAMEL, Gary. The Core Competence of the Corporation. *Harvard Business Review*, n. 3, v. 68, p. 79-91, maio-jun. 1990.

_____; KRISHNAN, M. S. *A nova era da inovação*. Rio de Janeiro: Campus, 2008.

QUELCH, John A.; JOCZ, Katherine E. *All Business Is Local*. Nova York: Penguin Group, 2012.

RICHERS, Raimar. A determinação formal de objetivos estratégicos é, sem dúvida, uma das condições primordiais ao sucesso da empresa. *Revista de Administração de Empresas*, São Paulo, v. 34, n. 1, p. 50-62, jan.-fev. 1994.

SERRA, F.; TORRES, M. C. S.; TORRES, A. P. *Administração estratégica*. Rio de Janeiro: Reichmann & Affonso, 2004.

SILVA, Helton H. et al. *Planejamento estratégico de marketing*. Rio de Janeiro: FGV, 2011.

THOMPSON, Arthur. *Planejamento estratégico*: elaboração, implementação e execução. São Paulo: Pioneira, 2000.

ZACCARELLI, S. B.; FISHMANN, A. A. Estratégias genéricas: classificação e usos. *Revista de Administração de Empresas*, São Paulo, v. 34, n. 4, p. 13-22, 1994.

Apêndice – Sites e links úteis relacionados ao comércio exterior

Segue uma lista de sites selecionados, todos gratuitos, que podem ser bastante úteis nas ações relacionadas a comércio exterior. Uma observação importante: os endereços eletrônicos, sites e referências à internet constantes neste apêndice são mencionados meramente como exemplos ilustrativos de fontes estratégicas de informações relacionadas ao comércio exterior. Apesar de todos os esforços de revisão e atualização, dado o notável dinamismo da internet, não são garantidas estabilidade (existência de link ativo), qualidade e veracidade das informações e do conteúdo, ou ainda negociações de qualquer espécie obtidas ou efetuadas por meio dos exemplos citados.

Acordos internacionais de comércio

❑ <www.aladi.org> – site relacionando informações sobre a Associação Latino-Americana de Integração (Aladi), que engloba Argentina, Bolívia, Brasil, Chile, Colômbia, Equador, México, Panamá, Paraguai, Peru, Uruguai, Venezuela e Cuba.

- <www.mercosul.org.uy> – site oficial do Mercado Comum do Sul.
- <http://europa.eu/> – site da União Europeia.
- <www.nafta-sec-alena.org/> – site do Nafta (EUA, Canadá e México).
- <www.comunidadandina.org> – site relacionando informações sobre a Comunidade Andina (Bolívia, Colômbia, Equador e Peru).
- <www.caricom.org> – site da Secretaria da Comunidade do Caribe.
- <www.wto.org> – site da Organização Mundial do Comércio (OMC).

Governo brasileiro

- <www.comexbrasil.gov.br> – o objetivo deste portal é oferecer, de forma simples e direta, as informações básicas sobre o tema exportação.
- <www.mre.gov.br> – site do Ministério das Relações Exteriores com diversas informações sobre acordos de comércio, blocos econômicos, política externa, entre outros temas.
- <www.radarcomercial.mdic.gov.br> – instrumento de consulta e análise de dados relativos ao comércio exterior, que tem como principal objetivo auxiliar na seleção de mercados e produtos que apresentam maior potencialidade para o incremento das exportações brasileiras.
- <http://aliceweb2.mdic.gov.br> – sistema de análise das informações de comércio exterior via internet, denominado Alice web, da Secretaria de Comércio Exterior (Secex), do Ministério do Desenvolvimento, Indústria e Comércio Exterior (MDIC), desenvolvido para modernizar as formas de acesso e a sistemática de disseminação dos dados estatísticos das exportações e importações brasileiras.

- <http://capta.mdic.gov.br> – sistema de informações sobre acordos comerciais da Secex, com versões em português, inglês e espanhol.
- <www.brazilglobalnet.gov.br> – portal de comércio exterior do Ministério das Relações Exteriores, com extensa rede de informações comerciais da América Latina, criada para estimular as exportações brasileiras e atrair investimento direto para o país.
- <www.redeagentes.gov.br> – projeto da Secretaria de Comércio Exterior, com a função principal de difundir a cultura exportadora.
- <www.apexbrasil.com.br> – site da Agência Brasileira de Promoção de Exportações e Investimentos.
- <www.abdi.com.br> – site da Agência Brasileira de Desenvolvimento Industrial.

Sites interessantes

- <www.sps.org.uk> – site da Strategic Planning Society, contendo diversas informações sobre o tema.
- <www.aduaneiras.com.br> – site com informações diversas relacionadas ao comércio exterior.
- <www.relnet.com.br> – site da Rede Brasileira de Relações Internacionais.
- <www.aeb.org.br> – site da Associação de Comércio Exterior do Brasil.
- <www.funcex.com.br> – site da Fundação Centro de Estudos de Comércio Exterior.
- <www.exportnews.com.br> – portal com informações diversas envolvendo o comércio exterior brasileiro.
- <www.cni.org.br> – site da Confederação Nacional da Indústria.

- <www.internetworldstats.com> – site contendo dados e estatísticas atualizadas da internet, consolidados por países ou blocos.

Ferramentas úteis

- <www.searchenginecolossus.com> – site de busca baseado em áreas geográficas.
- <www.archive.org> – site que contém mais de 150 bilhões de páginas da web armazenadas, apresentando uma ferramenta denominada "WayBackMachine", que permite navegar no tempo, desde 1996 (boa ferramenta para inteligência competitiva).
- <www.cia.gov/library/publications/the-world-factbook/index.html> – site da Central Intelligence Agency (CIA), que apresenta o *World factbook*, contendo informações consolidadas e atualizadas sobre todos os países do mundo.
- <www.oanda.com> – site de conversão de moedas, inclusive com séries históricas.
- <www.ibabel.me> – ferramenta de *chat online* com tradução simultânea.
- <www.indekx.com> – site que apresenta *links* para os principais jornais e revistas de vários países.
- <www.embassyworld.com> – site contendo os *links* para todas as embaixadas e consulados.

Os autores

Maria Candida Torres

Mestre em análise de sistemas pelo Instituto Militar de Engenharia (IME). Engenheira pelo Cefet. *Coach* avançada pelo ICI. Autora dos livros *Administração estratégica, Estratégia empresarial, Planejamento e gestão estratégica em saúde* e *Gestão estratégica das organizações públicas*. Autora do curso a distância de BSC do FGV Online. Professora convidada do FGV Management desde 1999. Atua na área de gestão de pessoas. Consultora de empresas, tais como: CSN, Abraec, Id Logistics, Confea, Ciaga, Base Almirante Castro e Silva (Marinha do Brasil); Viação Urbana (empresa de transporte de Fortaleza); Unimed Rio (áreas de imprensa e conteúdo e responsabilidade social); Unimed Fortaleza; Casa de Saúde São José e Bunge Alimentos.

Helton Haddad Silva

Doutor e mestre em administração de empresas pela Eaesp/FGV, com pós-graduação em marketing pela ESPM e especialização em *advanced marketing* pela State University of New

York. Bacharel em administração de empresas pela Eaesp/FGV. Consultor empresarial desde 1990, tendo participado em mais de 350 projetos de planejamento e implantação de marketing. Foi gerente de marketing do Citibank. Atua academicamente desde 1992. Professor da Eaesp/FGV desde 1995. Professor convidado do FGV Management desde 1997.

Marcelo Almeida Magalhães

Mestre em administração de empresas pela Coppead/UFRJ, doutorando em engenharia civil pela UFF, engenheiro civil pela UFRJ. Atua como consultor nas áreas de estratégia empresarial, planejamento de tecnologia da informação, redesenho de processos empresariais, arquitetura organizacional e sistemas de informação, com 22 anos de mercado. É pesquisador e desenvolvedor de tecnologias educacionais. Professor em cursos de pós-graduação há mais de 18 anos nas áreas de mudança organizacional, gestão de TI, gestão de processos empresariais e sistemas de informações gerenciais. Professor convidado do FGV Management desde 1998.

Rodrigo Navarro de Andrade

Engenheiro de produção pela UFRJ, com MBA empresarial pela Fundação Dom Cabral/Insead e MBA em serviços pela Coppead. Especialista em comércio exterior pela Funcex/RJ, em negociação pela Harvard Law School e em inovação pela London Business School. Sua experiência profissional inclui cargos de diretoria e gerência sênior em empresas como Copersucar, Nokia, Philip Morris, Telemar/Oi e Xerox, além de serviços de consultoria para empresas como Abraciclo, BMW, O Boticário, Ceras Johnson, Grupo Mercocamp, Honda, Mabe, Simm do Brasil e Syngenta. É professor convidado do FGV Management desde 2001.